AF558758

Marlena Izdebska

Frühstück

Lunch

Abendessen

Sweets

Vorwort

Gesund und glücklich bleiben durch bewusstes Kochen!

Es klingt vielleicht komisch, es ist aber in Wirklichkeit fundamental, um einen gesunden Lebensstil zu führen, aber auch um gesund und glücklich zu bleiben. Neben einer ausgewogenen Ernährung ist es auch wichtig, regelmäßige körperliche und geistige Aktivität zu betreiben, sowie eine positive Lebenseinstellung und gesunde soziale Kontakte zu haben. Achtsamkeit und Liebe sind auch ein wichtiges Fundament.
Vergesst bitte nicht, dass nicht nur der Körper isst – farbenfrohe, natürliche und frische Zutaten gelten auch als Nahrung für unsere Augen und die Seele, denn sie haben einen positiven Einfluss auf unser allgemeines Wohlbefinden.
Verschiedene Farben haben einen diametralen psychischen Aspekt, der dazu führen kann, dass wir bewusster zu gesunden Lebensmitteln wie z. B. Obst und Gemüse greifen. Die schönen Farben haben die Eigenschaft in unserem Unterbewusstsein zu „spielen".

Habt Ihr auch schon mal darüber nachgedacht, wie Farben unser Unterbewusstsein beeinflussen können und sich auch auf unser Essverhalten auswirken? – nicht ohne Grund sagt man oft: „Das Auge isst mit".
Es geht dabei aber nicht nur um bunt zu essen, sondern bewusst auch auf stark verarbeitete Lebensmittel zu verzichten und bewusster auszuwählen. Dabei sollte man auf sich selbst hören und beobachten, was unser Körper besser verträgt, was uns nicht nur Sättigung, sondern auch Leichtigkeit und ein Zufriedenheitsgefühl gibt. Ich kann dabei mit Sicherheit bestätigen, dass je mehr frische und natürliche Farben wir in unserer Ernährung beifügen, desto glücklicher und gesünder wir uns fühlen werden – körperlich wie auch seelisch.

Da ich mich in meinen Büchern nur damit beschäftigt habe Glück durch Ernährung und Liebe zum Kochen zu vermitteln, möchte ich Euch hiermit überzeugen, dass gesunde Mahlzeiten nicht nur unsere Laune verbessern können, sondern auch sehr köstlich, frisch, einfach und farbenfroh sein können.
In diesem Buch findet Ihr neben über 70 bunten köstlichen veganen und vegetarischen Rezepten ein paar Informationen zu Nährstoffen, die in verschiedenen Lebensmitteln zu finden sind, wie auch eine kurze Einleitung zu Regenbogenfarben unter dem Obst und Gemüse.

Ich hoffe, dass Ihr viel Freude beim Ausprobieren der Rezepte habt und es somit zu etwas Schönem für Euer Wohlbefinden beiträgt.

Iss regelmässig die Farben des Regenbogens!

Möchtest du fit und gesund bleiben?

Um unserem Körper verschiedene Nährstoffe zu bieten, sollte man sich zum Großteil von Obst, Gemüse, Hülsenfrüchten und Nüssen ernähren. Natürlich braucht unser Körper neben Vitaminen und Mineralien aus pflanzlichen oder aus tierischen Produkten, die reich an Eiweiß sind auch gesunde Kohlenhydrate. Glutenfreie Samen und Getreide aus Vollkorn und gesunde Fette sind ebenso wichtig, um so eine perfekte nährstoffreiche Ernährung zu praktizieren. Die Einführung vom „bunte Teller Prinzip“ ist dabei empfehlenswert, denn wir können bewusster gesunde Entscheidungen treffen und es uns als Ziel setzen. Dazu reicht es, unseren Teller zur Hälfte mit buntem Gemüse zu füllen und die weitere Hälfte dann mit gesunden Kohlenhydraten und Eiweiß zu nutzen. Es funktioniert aber auch sehr gut mit unserer Frühstücksschüssel. Du kannst z. B. 1/3 Volumen deines Haferbreis oder Müslis entnehmen und es mit frischem Obst und Nüssen ersetzen. Dabei wäre es von Vorteil, frisches Obst und Gemüse saisonal zu kaufen. Wenn das nicht möglich ist, sollte man zu Tiefkühlkost greifen. Diese sind außerhalb der Saison nicht überteuert und auch oft viel gesünder und leichter aufzubewahren. Vermeide stark verarbeitete Produkte – wie Konserven, gezuckertes Obst und Säfte aus den Ladenregalen, da diese oft mit hohen Natrium- und Zuckergehalt oder anderen Konservierungsmitteln produziert sind.

Du kannst dein Essverhalten auch selbst beobachten und als Ersatz zu salzigen und fettigen Snacks auch Gemüse mit Hummus wählen oder anstatt Süßigkeiten dann frisches oder getrocknetes Obst und Nüsse nebenbei naschen.

Ich möchte damit nicht sagen, dass man sofort auf alles verzichten sollte, sondern dass man sich bewusster für das eigene Wohlbefinden entscheidet und oftmals zu frischen und unverarbeiteten Produkten greift.

Warum ist es gesund so viele frische Farben zu essen?

Tatsächlich hat die Vielfalt an Vitaminen, Mineralien, Antioxidantien und sekundären Pflanzenstoffen in Obst und Gemüse einen enorm positiven Einfluss auf unser Wohlbefinden und die Vitalität. Viele von ihnen bringen ihre eigenen unverwechselbaren Pigmente mit, die besonders wirksame gesundheitliche Vorteile haben. Hier sind ein paar Fakten dazu.

Der rote Farbstoff – Lycopin

gesundheitliche Vorteile: Herzgesundheit, Augengesundheit, Prävention von Krankheiten, Verdauung.
Vorrangig in: Tomaten, Rüben, Himbeeren, Wassermelonen, Erdbeeren, Kirschen, Äpfeln und Tomaten.

Orange / Gelb – Beta Carotin

gesundheitliche Vorteile: stärkt das Immunsystem, sorgt für gesunde Haut und die Sehfähigkeit.
Vorrangig in: Kürbissen, Zitrusfrüchten, Mais, Melonen, Süßkartoffeln, Karotten, Paprika, grünen Küchenkräuter.

Grün – Lutein und Indole

gesundheitliche Vorteile: Verbesserung der Augengesundheit, Verdauung, Krebsprävention, Kreislauf.
Vorrangig in: Spinat, Brokkoli, Rosenkohl, Rucola, Grünkohl, Avocado, Gurken, Zucchini, Porree.

Lila / Blau – Anthocyane, Flavonoide

gesundheitliche Vorteile: stärkt das Immunsystem, Darm- und Knochengesundheit und die kognitiven Funktionen.
Vorrangig in: Rotkohl, Aubergine, Trauben, Brombeeren, Blaubeeren, Acai, schwarze Johannisbeeren.

Weiß – Allyl Sulfide

gesundheitliche Vorteile: unterstützt Immunsystem, lymphatisches System und Herz-Kreislauf-System.
Vorrangig in: Blumenkohl, Zwiebeln, Knoblauch, Rüben, Pilzen, Porree.

Quelle: https://www.health.harvard.edu/staying-healthy/add-color-to-your-diet-for-good-nutrition

FRÜHSTÜCK

Choco-Chia Overnight Oats

mit Datteln & Früchten

 10 Min.

für 4 Personen

2 Tassen	Haferflocken
3 EL	weiße Chiasamen
½ Tasse	fein gehackte Datteln
1½ Tassen	Kokosmilch
2 Tassen	kaltes Wasser
2 EL	Kakao
1 EL	Kokosblütenzucker

Topping:
Früchte, Kakaonibs & Nüsse

1. Gib die Haferflocken, die Samen und die Datteln in eine Schüssel.

2. Füge nun die 2 EL Kakao und 1 EL Kokosblütenzucker hinzu. Vermische alles gründlich mit Kokosmilch und kaltem Wasser.

3. Decke es ab und stelle es für einige Stunden oder über Nacht kalt. Fülle die Overnight Oats in Gläser und dekoriere mit den Früchten und Toppings deiner Wahl.

4. Wenn du eine noch eine cremigere Konsistenz haben möchtest, kannst du diese vor dem Servieren mit einem Löffel Joghurt oder Kokosmilch vermischen.

Kleiner Tipp:

Die in Beerenfrüchten beinhaltenen Flavonoide haben einen nervenschützenden Effekt – schon eine handvoll roter Beeren pro Woche kann unser Gehirn und unseren Kreislauf schützen sowie auch das Immunsystem unterstützen.

Smoothie-Bowl

mit Acai-Beeren

 5 Min.

für 1-2 Personen

1	reife Banane
1	Acai-Packung oder 2 EL Acai-Pulver
1	Birne
1 EL	weiße Chiasamen
½ Tasse	pflanzlichen Joghurt

Toppings deiner Wahl

1. Gib alle Smoothie-Zutaten in dein leistungsstarkes Mixgerät, püriere alles bis du eine gleichmäßige Konsistenz erhalten hast.

2. Dekoriere die Bowl mit deinen Lieblings-Toppings und genieße es.

Kleiner Tipp:

Acaibeeren zählen nicht ohne Grund zu den ultimativen Superfoods, da diese reich an Antioxidantien sind. Diese binden die freien Radikale im Körper, was Zellen vor frühzeitiger Alterung schützt. Nebenbei beinhalten sie mehrfach gesättigte Fettsäuren und viel Eiweiß, welche den Stoffwechsel ankurbeln und appetithemmend wirken.

Walnuss Granola

mit Kokos

 20 Min.

für 15-20 Portionen

200 g	Haferflocken
100 g	Dinkelflocken
80 g	Haselnüsse
80 g	Mandeln
1 Becher	Kokosflocken
50 g	Leinsaat
5 EL	Agavendicksaft
2 EL	flüssiges Kokosöl
1 TL	Zimt
1 Prise	Salz

Kleiner Tipp:

Kokos ist nicht nur sehr vielseitig, es ist auch reich an Mineralstoffen wie Kalium, Kalzium, Kupfer, Phosphor, Natrium, Eisen, Zink, und Selen wie auch an gesättigten Fettsäuren. Es besteht aber auch zu über 30 % aus Fett. Die Kokosnuss hat positive Einflüsse auf unsere Gesundheit. Es wird in der Kosmetik und auch in der Küche auf verschiedene Weise eingesetzt.

1 Vermische alle trockenen Granola-Zutaten in einer großen Schüssel. Gib nun den Agavendicksaft und Kokosöl dazu und vermenge es mit den restlichen Zutaten. Zerdrücke mit deiner Hand das Gemisch, bis du krümelige größere Stücke erhältst.

2 Verteile das Ganze gleichmäßig auf ein mit Backpapier bedecktes Backblech und backe es für 15–20 Minuten bei Umluft in dem auf 180 °C vorgeheizten Backofen. Wende das Granola nach 5–8 Minuten Backzeit, damit alle Samen und Körner gleichmäßig gebacken sind.

3 Schalte den Herd nach weiteren 8–10 Minuten aus und nimm das Granola heraus. Lass es dann auf dem Backblech abkühlen und aushärten.

4 Wenn das Granola abgekühlt ist, gib ein wenig weiße Kokosflocken für einen schönen Farbkontrast hinzu. Dann fülle dein Granola in ein fest verschließbares Glas oder eine Box. Dadurch kannst du länger den frischen Geschmack genießen.

Mango Smoothie-Bowl

mit Kokosjoghurt

 5 Min.
mind. 1 Stunde vorher Einweichen

für 2 Personen

1	große reife Mango geschält und gewürfelt
1 Tasse	ungesüßter veganer Joghurt – bevorzugt Kokosjoghurt
½ Tasse	Eiswürfel
½ Tasse	Kokosmilch
1 EL	geschmacksneutrales Proteinpulver
1 Prise	Salz
½ EL	Kokosblütenzucker oder 2 EL Agavendicksaft

Früchte und Samen zum Verfeinern

1 Gib alle Smoothie-Zutaten in dein leistungsstarkes Mixgerät, püriere alles bis du eine gleichmäßige Konsistenz erhalten hast.

2 Dekoriere die Bowl mit deinem Lieblingsobst und Samen.

Kleiner Tipp:

Mangos sind sehr gesund, da diese viel Vitamin C, E und B sowie Folsäure enthalten. Der regelmäßige Verzehr von Mangos kann stresslindernd sein und wirkt sich positiv auf unser Immunsystem aus.

Bananen-Crêpes
mit Beerenfrüchten

20 Min.

für 2-3 Personen

150 g	glutenfreie Mehlmischung
100 g	Buchweizenmehl
2	sehr reife Bananen
250 ml	Milch Deiner Wahl
2 EL	Speisestärke
1 Prise	Salz
1 Prise	Zimt
2 EL	Öl in den Teig geben, sodass es nicht klebt und ein paar Tropfen Öl zum Anbraten

Topping:
Erdbeeren, Blaubeeren,
Honig oder Ahornsirup

1. Schäle die reifen Bananen und zerdrücke die Bananen in einer großen Schüssel mit einer Gabel oder einem Handmixer.

2. Vermische in einer anderen Schüssel alle trockenen Crêpes-Zutaten. Gib nun Milch, die zerdrückten Bananen, Zimt und Öl hinzu und vermische alles gründlich mit einem Schneebesen oder Handrührgerät zu einem glatten Teig. Stelle den Teig für 15–20 Minuten bei Zimmertemperatur beiseite.

3. Gib anschließend den Teig portionsweise in eine leicht gefettete Pfanne. (gefettet nur für den ersten Crêpe) Backe danach die Crêpes jeweils von beiden Seiten auf mittlerer Hitze aus.

4. Jetzt lege die Crêpes auf einen Teller und garniere diese mit frischen Beerenfrüchten und Honig.

Kleiner Tipp:

Bananen sind reich an Kalium, Magnesium und Vitamin B6, die eine große Rolle für den Eiweißstoffwechsel spielen. Kalium ist unentbehrlich für Muskeln, Nerven und das Herz. Bananen helfen auch bei Durchfall. Durch die darin enthaltenen Pektine, sind Bananen ebenso gut für die Darmgesundheit und können vor Darmkrebs schützen.

Goldener Milch-Porridge
mit Mango

10 Min.

für 2 Personen

8 EL	zarte Haferflocken
½ Tasse	Joghurt
1 Tasse	heißes Wasser
1 TL	Kurkuma
2 Tropfen	Vanilleextrakt
1 EL	Kokosblütenzucker oder Ahornsirup

Topping:
Mango, Banane, Blaubeeren, Nüsse, Trockenfrüchte, Granola

1. Erhitze den Topf und gib Haferflocken, Kurkuma, Vanilleextrakt und Wasser hinzu. Die Zutaten gut verrühren und alles für 2–3 Minuten aufkochen lassen.
2. Reduziere die Hitze auf eine niedrige Stufe und mische den Kokosblütenzucker oder Ahornsirup unter. Lasse den Porridge noch geschlossen 3 Minuten ziehen.
3. Gib den Joghurt zum Poridge hinzu und vermische beides gründlich.
4. Serviere den Porridge mit frisch gewürfelter Mango, Bananenstreifen und Toppings deiner Wahl.

Kleiner Tipp:

Kurkuma enthält das ätherische Öl Curcumin, was es so gesund macht. Curcumin wirkt stark entzündungshemmend und hat eine starke antioxidative Wirkung.
Die tägliche Nutzung von Kurkuma kann unsere Verdauung und das Immunsystem deutlich verbessern, es wirkt aber auch Wunder für unsere Haut und die Sehfähigkeit.

Datteln-Chia Birchermüsli

mit Pekannüssen und roten Beerenfrüchten

10 Min.
ca. 2 Std. Einweichen

für 4 Personen

2	geriebene Äpfel
2 Tassen	Haferflocken
3 EL	weiße Chiasamen
⅓ Tasse	fein gehackte Datteln
1 Tasse	Kokosmilch
1 Tasse	kaltes Wasser
⅓ Tasse	gehackte Pekannüsse
1 Tasse	Naturjoghurt auf pflanzlicher Basis

Topping:
rote Beerenfrüchte, Kokosblütenzucker

1. Gib die geriebenen Äpfel in eine Schüssel und füge Haferflocken, Samen, Nüsse und die Datteln hinzu.
2. Vermische nun alles mit Joghurt, Milch und Wasser.
3. Decke es zu und stelle es für einige Stunden oder über Nacht kalt.
4. Das Müsli in Gläser füllen dann mit dem Kokosblütenzucker schichtweise ganz fein bestreuen und mit Früchten sowie den restlichen Nüssen belegen.
5. Wenn du eine noch cremigere Konsistenz haben möchtest, kann man diese vor dem Servieren mit einem weiteren Löffel Joghurt vermischen.

Kleiner Tipp:

Pekannüsse sind die süßere Schwester der Walnuss. Sie schmecken nicht nur köstlich, sondern unterstützen bei regelmäßigem Verzehr die Gesundheit, verbessern die Verdauung und helfen beim Abnehmen. Pekannüsse enthalten ungesättigte Fette, wie Ölsäure und eine Menge an Antioxidantien, die das Risiko von Herzerkrankungen und Krebs verringern. Sie verbessern die Vitalität unserer Haut und helfen beim Aufbau unseres Immunsystems.

Zimt Milchshake

mit Datteln

10 Min.
ca. 2 Std. zum Einweichen

für 3 Portionen

8–10	Datteln, entkernt
4	getrocknete Feigen
¾ Tasse	heißes Wasser
500 ml	ungesüßte Milch auf pflanzlicher Basis
1 Prise	Zimt
1 Prise	Salz

1. Gib die Datteln und Feigen in eine Tasse mit heißem Wasser und lasse sie 2 Stunden lang einziehen bis die Datteln und Feigen abgekühlt und weicher geworden sind.

2. Die weichen Datteln und Feigen nun zusammen mit dem Wasser und allen restlichen Shake-Zutaten in den Mixer geben und püriere sie bis du eine gleichmäßige Konsistenz erhälst.

Kleiner Tipp:

Feigen schmecken nicht nur als frische oder trockene Früchte. Diese leckeren Früchte aus dem Nahen Osten sind auch reich an Kalium, Kalzium, Magnesium, Eisen und Kupfer und eine gute Quelle für die antioxidativen Vitamine A und K, die zur Gesundheit und dem Wohlbefinden beitragen. Man kann Feigen einfach so, als Marmelade, für eine Käseplatte, in Kuchen, in Müsliriegeln oder direkt im Müsli genießen.

Bamboo Straws | CB
Bamboo Straws | CB

Blaue Tropical Crêpes

mit Johannisbeeren, Ananas und Kokoscreme

 40 Min.

für 8 Stück

250 g	helle, glutenfreie Mehlmischung
200 ml	Milch deiner Wahl
100 ml	Wasser
2 EL	Speisestärke evtl. 1 EL mehr, falls der Teig zu dünnflüssig wird
1 Prise	Salz
1 TL	Blue Butterfly Pulver oder als Ersatz blaue Spirulina
2 EL	Öl in den Teig, damit es nicht klebt und ein paar Tropfen Öl zum Anbraten

Zutaten Kokoscreme:

1 Becher	Kokosjoghurt oder griechischen Joghurt
3 EL	Süßungsmittel deiner Wahl
4 EL	Kokosraspeln

Topping:
Ananas, Johannisbeeren, Maracuja

1. Vermische alle Kokoscreme-Zutaten bis du eine gleichmäßige Konsistenz erhälst und stelle diese in den Kühlschrank, bis du deine Crêpes fertig gebacken hast.

2. Jetzt vermische alle trockenen Crêpes-Zutaten in einer Rührschüssel. Gib Milch, Wasser und Öl hinzu und vermische alles gründlich mit dem Schneebesen oder dem Handrührgerät zu einem glatten Teig. Stelle den Teig für 15–20 Minuten bei Zimmertemperatur beiseite.

3. Gib den Teig anschließend portionsweise in eine leicht gefettete Pfanne (gefettet nur für den ersten Crêpe) Dann backe die Crêpes von beiden Seiten auf niedriger Hitze.

4. Jetzt bestreiche die Crêpes mit der Kokoscreme und rolle sie auf.

5. Dekoriere alles mit ein wenig Ananas, Maracuja und Johannisbeeren.

Kleiner Tipp:

Spirulina ist besonders proteinreich und liefert uns Vitamin B1, B2, B3, Eisen und Kupfer. Es gibt die reguläre grüne Spirulina und die wunderschöne blaue Spirulina – die als natürlicher Farbstoff gilt. Regelmäßige Einnahme von Pulver oder Presslinge aus diesen Wunder-Algen eignen sich perfekt für die Entgiftung und Detox.

Chia-Schokoladen-Pancakes

mit Chiasamen und Schokoladenstückchen

20–25 Min.

für 2 Portionen

1 EL	Maisstärke
3 EL	Hafermehl
3 EL	Buchweizenmehl
1 Tasse	pflanzliche Milch
⅓ Tasse	Wasser
2 EL	Chiasamen
1 EL	Agavensirup
1 TL	Backpulver
5 Tropfen	Vanilleextrakt
50 g	dunkle Schokolade (grob gehackt)
1 Prise	Salz

Topping:
Puderzucker, Erdnüsse und Sirup deiner Wahl

1. Vermische alle Zutaten in einer großen Schüssel bis du einen cremigen Pancake-Teig erhältst.

2. Erhitze etwas Öl in einer Pfanne und gib jeweils 3 EL von der Pancake-Masse in die heiße Pfanne. Lass die Pancakes auf beiden Seiten für etwa 3 Minuten ausbacken, bis diese schön goldbraun werden.

3. Schalte den Herd aus, staple die Pancakes zu einem Türmchen und bestreue diese anschließend mit dem Puderzucker oder gib Sirup deiner Wahl darüber.

Kleiner Tipp:

Buchweizen ist als glutenfreies Getreide sehr gesund. Es enthält Vitamin B, Vitamin E sowie Mineralstoffe wie Kalium, Calcium, Phosphor und Magnesium.

„EAT HEALTHY FOOD

FOR A HAPPY MOOD“

Erdnuss Porridge

mit warmen Zimtäpfeln

10 Min.

für 4 Portionen

½ Tasse	zarte Haferflocken
2 Tassen	Milch deiner Wahl
½ Tasse	kochendes Wasser
4–6 Tropfen	Vanilleextrakt
4–6 TL	Honig, Agavendicksaft oder Ahornsirup
1 Prise	Salz

Topping:

2	Äpfel, gewürfelt
1 EL	Wasser
1 EL	Süßungsmittel deiner Wahl
1 TL	Zimt

1. Erhitze die Haferflocken zusammen mit allen Porridge-Zutaten in einem kleinen Kochtopf.

2. Lasse den Haferbrei circa 10 Minuten unter ständigem Rühren köcheln.

3. Während der Porridge kocht, wasche und schneide nun die Äpfel. Gib diese zusammen mit Wasser, Zimt und Süßungsmittel in einen kleinen Topf und koche es für ca. 2 Minuten auf.

4. Wenn der Porridge fertig gekocht ist, serviere es mit den warmen Äpfeln dazu ein wenig Erdnüsse und Erdnussbutter.

Kleiner Tipp:

Zimt hat eine antibakterielle Wirkung, fördert die Verdauung und hilft bei Diabetes. Es ist ein sehr aromatisches Gewürz, welches dennoch vorsichtig dosiert werden sollte.

Blaue Smoothie-Bowl

mit Apfel und Banane

 5 Min.

für 1 Portion

1 EL Butterfly Pea Pulver
1 grüner Apfel, geschnitten
1 Banane, geschnitten
½ Tasse Wasser
½ Tasse Kokosmilch

Für den hellblauen Swirl:
1 TL blaue Spirulina
200 g Kokosjoghurt
1 TL Agavendicksaft

Topping:
Blaubeeren, Banane, Granola, Feigenmandelmus

1. Vermische sämtliche Smoothie-Zutaten in dem Standmixer bis du eine leckere und cremige Konsistenz erhältst.
2. Vermische blaue Spirulina mit Kokosjoghurt und Agavendicksaft für den hellblauen Swirl.
3. Zuletzt dekoriere deine Bowl mit Früchten und Toppings deiner Wahl.

Kleiner Tipp:

Agavendicksaft hat aufgrund des hohen Fruktosegehalts eine sehr geringe glykämische Last, die als Indikator für den ausgelösten Insulinbedarf im Körper gilt. Agavendicksaft lässt den Blutzucker somit deutlich langsamer steigen als zum Beispiel Haushaltszucker. In Maßen ist er deshalb auch für Diabetiker geeignet.

Schokoladen-Pancakes
mit Obst

15 Min.

für 2-3 Portionen

1 EL	Maisstärke
3 EL	Hafermehl
3 EL	Buchweizenmehl
1 Tasse	pflanzliche Milch
⅓ Tasse	Wasser
2 EL	Kakao
1 EL	Agavensirup
1 TL	Backpulver
1 Prise	Salz

Topping:
Obst deiner Wahl für den Obstteller, Agavendicksaft oder Honig

1 Vermische alle Zutaten in einer großen Schüssel bis du einen cremigen Pancaketeig erhältst.

2 Erhitze etwas Öl in einer Pfanne und gib jeweils 3 EL vom Pancaketeig hinein. Lass die Pancakes auf beiden Seiten für etwa 3 Minuten ausbacken, bis sie schön goldbraun werden.

3 Wasche und schneide dein Lieblingsobst und dekoriere den Teller mit Pancakes, Früchten und Agavendicksaft.

Kleiner Tipp:

Regelmäßiger Verzehr von Kakao wirkt sich positiv auf unsere Stimmung, Muskeln und Hirnaktivität, sowie den Kreislauf aus. Kakao beinhaltet Magnesium, Kalium und Vitamin E.

Warme Crêpes

mit Erdbeer-Holunder-Joghurt

 40 Min.

für 8 Stück

150 g	glutenfreie Mehlmischung
100 g	Buchweizenmehl
200 ml	Milch deiner Wahl
100 ml	Wasser
2 EL	Speisestärke
1 Prise	Salz
2 EL	Öl in den Teig geben, sodass es nicht klebt und paar Tropfen Öl zum Anbraten

Zutaten Erdbeer-Joghurt:

1 Becher	ungesüßten Kokosjoghurt oder griechischen
4 EL	Holundersirup
2 Becher	Erdbeeren, gewaschen und zerdrückt

Topping:

1 Becher	Erdbeeren, geviertelt
5	Kumquats/ Zwergenorangen

Kleiner Tipp:

Holunderblüten enthalten ätherische Öle, sowie schweißtreibende Glykoside und können helfen Beschwerden bei Atemwegsinfekten, trockenen Reizhusten und fieberhafte Erkältungen zu bekämpfen. Sie eigenen sich auch perfekt als Tee, gebraten im Teig oder als Sirup für Süßspeisen.

1. Wasche die Erdbeeren und zerdrücke diese in einer großen Schüssel. Gib nun den Holundersirup und den Joghurt hinzu und vermische es gründlich, bis du eine gleichmäßige Konsistenz erhältst. Nun stelle es in den Kühlschrank bis du deine Crêpes fertig gebacken hast.

2. Jetzt vermische alle trockenen Crêpes-Zutaten in einer Rührschüssel. Gib Milch, Wasser und Öl hinzu und vermische alles gründlich mit einem Schneebesen oder dem Handrührgerät zu einem glatten Teig. Stelle den Teig für 15–20 Minuten bei Zimmertemperatur beiseite.

3. Anschließend den Teig portionsweise in eine leicht gefettete Pfanne geben (gefettet nur für den ersten Crêpe) und die Crêpes jeweils von beiden Seiten bei mittlerer Hitze anbraten.

4. Jetzt bestreiche die Crêpes mit dem Erdbeerjoghurt und rolle diese vorsichtig auf.

5. Dekoriere alles mit frischen, in Vierteln geschnittenen Erdbeeren und Kumquats.

Gesunde Smoothie-Bowls

mit Früchten

 je 5 Min.

Mango-Banane Protein Smoothie-Bowl:

1 EL	Proteinpulver
1	Mango
1	Banane
1 Schuss	Kokosmilch
1 Schuss	Wasser

Topping:
Granola, goldene Kiwi, Mango, Physalis, Pitaya Sternchen und Mandelmus

Pinker Chiapudding Erdbeere-Pitaya:

½ Tasse	Erdbeeren
1 EL	Pink-Pitaya-Pulver
2 EL	Weißer Chiasamen
1 TL	Agavensirup
½ Tasse	Kokosmilch
1 EL	Joghurt
⅓ Tasse	Wasser

Topping:
Granola, Pitaya, Erdbeeren, Mandelmus

Zubereitung:
Gib sämtliche Smoothie-Zutaten in den Standmixer und zerkleinere diese solange bis du eine leckere und cremige Konsistenz erhältst.

Kleiner Tipp:

Kokosmilch schmeckt köstlich und ist gesund. Sie hat einen hohen Anteil an mittelkettigen Fettsäuren, die vom Körper als schneller Energieliferant genutzt wird. Im Gegensatz zu anderen Fetten und Energieliferanten, wird es nur selten ins Fettgewebe eingelagert. Kokosmilch kann daher sehr gut beim Abnehmen helfen. Abgesehen davon soll sie gegen Akne wirksam sein und sogar die Schilddrüse bei einer Unterfunktion stimulieren können.

Süßkartoffelpaste

mit Knoblauch

15 Min.

für 4 Stück

2	mittlere Süßkartoffeln (lila, weiß oder orange – gekocht oder gebacken)
2	gehackte Knoblauchzehen
⅓ TL	Kreuzkümmel
1 Prise	Kardamom
1	fein gehackte rote Zwiebel
1 Prise	Zucker
2 EL	Öl
	Salz & weißer Pfeffer

Topping:
Fetakäse, Granatapfelkerne, Petersillie oder Avocado

1. Röste in einer Pfanne die 4 Scheiben Brot an.
2. Koche oder backe nach Belieben die Süßkartoffeln. Dann schäle und hacke den Knoblauch und die Zwiebel.
3. Brate die Zwiebel zusammen mit Zucker, Knoblauch und 2 EL Öl in einer Pfanne auf niedriger Stufe goldbraun, sodass es eine karamelisierte Masse ergibt.
4. Zerstampfe die Kartoffeln mit einer Gabel und gib alle Zutaten in eine Schüssel, um alles zu verrühren.
5. Nimm die Toasts und bestreiche sie reichlich mit der Kartoffelpaste. Dekoriere diese nach Belieben wie auf dem Foto.

Kleiner Tipp:

Süßkartoffeln enthalten wenig Fett und viele Mineralstoffe sowie Vitamine. Das fettlösliche Vitamin E darin, sorgt für eine gesunde Haut und schützt die Zellen vor frühzeitiger Alterung. Die Süßkartoffeln beinhalten weiterhin wertvolle Ballaststoffe, die unseren Darm in Schwung halten und viele entzündungshemmende Antioxidantien.

Gegrilltes Sandwich
mit Pesto und Kichererbsensalat

 10 Min.

für 2 Portionen

1 Dose	Kichererbsen (ohne Flüssigkeit)
1 große	rote Zwiebel (geschält und fein gehackt)
1 TL	Leinöl
2 EL	Hanfsamen (geschält)
⅓ TL	geräuchertes Paprikapulver
3 EL	veganer Joghurt
2	gehackte Knoblauchzehen
1 Prise	Pfeffer & Salz

Restliche Zutaten:
4 Scheiben dunkles Toastbrot
½ Gurke (in Scheibchen geschnitten)
Salat
Ein wenig rotes Pesto zum Bestreichen

1. Gib die Kichererbsen in eine Schale und zerstampfe diese mit einer Gabel. Füge anschließend alle weiteren Zutaten der Kichererbsenpaste hinzu und rühre solange, bis es eine feste Masse ergibt.
2. Nun toaste das Brot beidseitig in einem Toaster oder einer Pfanne, bis dieses goldbraun wird. Die knusprigen Brotscheiben können dann belegt werden.
3. Bestreiche alle Toasts mit dem roten Pesto. Die Zutaten können dann in folgender Reihenfolge geschichtet werden: eine Scheibe Toast, Salatblätter, Kichererbsensalat und Gurkenscheiben. Bedecke das Ganze mit einer weiteren Scheibe Toast und wiederhole den Vorgang.

Kleiner Tipp:

Rote Zwiebeln haben, im Vergleich zu der gelben Sorte, die doppelte Menge an Antioxidantien. Sie sind ebenfalls ein guter Lieferant von Kalium, Vitamin B und Vitamin C. Zwiebeln helfen bei der Vorbeugung von Erkältungen, können das Risiko für Herzkrankheiten senken und den Blutzuckerspiegel regulieren. Sie sind gut für die Verdauung, bauen unser Immunsystem auf und mildern Entzündungen.

Antipasti aus dem Ofen

mit Fetakäse

20 Min.

für 15-20 Portionen

1 Packung	Feta, gewürfelt
1	kleine Zucchini, geviertelt
400 g	bunte Cherrytomaten
4	große Tomaten, geviertelt
6–8 EL	Olivenöl
⅓ TL	Meersalz
⅓ TL	frisch gemahlener Pfeffer
1 EL	Balsamico
2	Knoblauchzehen
1 Prise	Pfeffer

Getrocknete Kräuter:

1 EL	Rosmarin
½ TL	Oregano
½ TL	Basilikum

1 Den Ofen auf 180 °C Umluft vorheizen. In einer Auflaufform nun das Olivenöl, Balsamico, Gewürze und Kräuter vermischen.

2 Gemüse waschen, Zucchini und große Tomaten schneiden, Knoblauch schälen und auch in Viertel schneiden. Das gesamte Gemüse in die Auflaufform geben und gründlich vermischen.

3 Schneide den Fetakäse in mundgerechte Würfel und vermische sie mit den Tomaten in der Auflaufform. Backe alles bei 180 °C Umluft für ca 10–15 Minuten.

4 Serviere es heiß mit Sauerteigbrot, oder bewahre es bis zu 4 Tagen im Kühlschrank auf und genieße es kalt.

Kleiner Tipp:

Die im Oregano erhaltenen ätherischen Öle wirken wie ein natürliches Antibiotikum. Es wirkt antibakteriell, entzündungshemmend und schmerzlindernd. Die Durchblutung und Verdauung wird auch angeregt.

Apfel-Bananen Shake

mit Rote Bete

 10 Min.

für 3 Portionen

2	Äpfel
1	Banane
2	Tropfen Stevia
2 Knollen	Rote Bete, gewaschen und geschnitten
1 Tasse	kaltes Wasser
½ Tasse	ungesüßte Milch auf pflanzlicher Basis

1. Gib die Shake-Zutaten in einen Mixer und püriere bis du eine gleichmäßige Konsistenz erhalten hast.
2. Trinke es am Besten sofort nach der Zubereitung damit die Vitamine von deinem Körper voll aufgenommen werden können.

Kleiner Tipp:

Das Trinken von nur einem Glas Rote Bete Shake ist für unsere Leber von Vorteil. Rote Bete, die reich an Eiweiß ist, reinigt unsere Leber von Giftstoffen und unterstützt ihre Aktivität. Die in den Rüben enthaltenen freien Radikale und Antioxidantien können sogar dazu beitragen, die Krebssymptome zu lindern und unser Immunsystem aufzubauen. Rote Bete hat aber auch eine positive Wirkung auf unsere Figur und Haut.

LUNCH

Kartoffelpüree

mit Garam Masala Gulasch

20 Min.

für 3-4 Portionen

1	Zwiebel, gewürfelt
3	Knoblauchzehen in Scheibchen
1	Möhre gewürfelt
2	Lorbeerblätter
1 EL	Pflanzenöl
2	Kartoffeln
2 Becher	grüne Erbsen
2 EL	Speisestärke
	Salz & Pfeffer
3	Piment Samen
1 EL	Garam Masala Pulver
½ TL	Kuminpulver
2 Becher	Wasser oder Gemüsebrühe
½ Becher	Wasser für die Speisestärke

Zutaten Püree:

6-8	geschälte Kartoffeln, geviertelt
	Salz
1 EL	veganes Ghee
3 EL	pflanzliche, ungesüßte Milch

Andere Zutaten:

1	Gurke in Streifen geschnitten
	Salz & Pfeffer
	Naturjoghurt
	geröstete Zwiebeln

1 Koche die Kartoffeln in einem Topf mit gesalzenem Wasser.

2 Erhitze in der Zwischenzeit Öl in einer großen Pfanne. Brate darin die Zwiebel ca. 5 Minuten an. Knoblauch, Möhren, Kartoffeln, Lorbeerblätter und Piment dazugeben und eine weitere Minute lang anbraten.

3 Füge nun die Erbsen und Gewürze hinzu und brate alles bei mittlerer Hitze für ca. 5 Minuten weiter an. Gib Gemüsebrühe oder Wasser hinzu und bringe alles zum Kochen.

4 Löse die Speisestärke in einem Glas Wasser gut auf.Gieße es dann in die Pfanne, verrühre es gründlich und lasse es bei niedriger Hitze für etwa 8 Minuten köcheln, bis die Sauce andickt. Die Pfanne vom Herd nehmen.

5 Gieße die weichen Kartoffeln ab und zerstampfe sie. Gib das Ghee, Milch und eine Prise Salz hinzu und vermische alles zu einem gleichmäßigen Püree.

6 Schneide die Gurke in Streifen und mische sie zu einem Salat mit Salz und frisch gemahlenen Pfeffer. Serviere das Püree mit Gulasch, Joghurt und Salat.

Gebackene Süßkartoffeln

mit Kichererbsenfüllung

 45–50 Min.

für 1-2 Personen

3	große Bio-Süßkartoffeln

Für die Kichererbsen-Füllung:

1 Dose	Kichererbsen
1 EL	Kokosöl
12–15 Blätter	Blattspinat
1	Zwiebel (gewürfelt)
1	Knoblauchzehe
2 EL	Wasser
⅓ TL	Meersalz
⅓ TL	Paprikapulver (geräuchert)
⅓ TL	Kreuzkümmel (gemahlen)
	etwas Pfeffer
1 Prise	Kurkuma

Für die Kokos-Minz-Sauce:

150 ml	Kokosmilch
8	frische Minzblätter (gehackt)
2 cm	Ingwer (gerieben)
1 EL	Zitronensaft
1	Knoblauchzehe
	etwas Salz & Pfeffer

1 Wasche die Süßkartoffeln und stich mit einer Gabel mehrmals rundherum ein. Gare sie im vorgeheizten Backofen bei 200 °C für ca. 30–40 Minuten garen.

2 Dünste die gehackten Zwiebeln, bis sie weich und glasig sind, mit 1 EL Kokosöl und einer Prise Kurkuma für die Füllung an. Reduziere die Hitze, um die Kichererbsen, den Spinat und die Gewürze mit 2 EL Wasser, bei geschlossenem Deckel für ca. 5–8 Minuten zu garen. Nimm die Pfanne vom Herd und stelle die Füllung beiseite.

3 Vermische für die Kokos-Minz-Sauce alle Zutaten und stelle sie bis zum Servieren in den Kühlschrank.

4 Schneide nach ca. 40 Minuten die garen Süßkartoffeln in der Mitte ein und zerdrücke das Fleisch vorsichtig von innen mit einer Gabel. Dabei aufpassen, dass die Süßkartoffeln nicht auseinander fallen und die Haut nicht aufplatzt.

5 Richte die Süßkartoffeln auf einem Servierteller mit der Füllung an. Anschließend mit der Sauce garnieren und genießen.

Basmati-Bowl

mit BBQ Gemüse und Ei

 25 Min.

für 3 Portionen

3	Tomaten
1	kleiner Blumenkohl
1	Aubergine
1 TL	Salz
⅓ TL	geräuchertes Paprikapulver
¼ TL	weißen Pfeffer
¼ TL	Kumin ganz
3 EL	BBQ-Sauce
2 EL	Olivenöl
3	Eier
400 g	gekochter Basmatireis

Kräuter und Limetten zum Verfeinern

1 Heize den Backofen auf 180 °C Umluft vor. In der Zwischenzeit koche den Basmatireis nach der Packungsanleitung.

2 Wasche nun das Gemüse und schneide diese in mundgerechte große Stücke.

3 Vermische das Olivenöl, BBQ-Sauce, Gewürze und die Kräuter in einer großen Schüssel zu einer Marinade.

4 Wälze das Gemüse grünldich auf dem Backblech oder in einer Auflaufform in der Marinade. Backe dieses für ca. 15–20 Minuten auf 180 °C Umluft.

5 Während das Gemüse gebraten wird und der Reis kocht, brate die Eier in einer Pfanne.

6 Serviere das Ganze mit frischen Kräutern und Limettenscheibchen.

Kleiner Tipp:

Eier sind reich an Eiweiß, Vitamin D, B12, C, Biotin sowie Mineralstoffen wie z. B. Selen und Eisen. Eier sind hochverdaulich, geben uns viel Energie, aber haben auch einen hohen Anteil an ungesättigten Fettsäuren.

Vegane Sushi-Bowl

mit Avocado

 15 Min.

für 2 Personen

200 g Sushi-Reis
3 EL Reisessig
1 Avocado
1/2 Salatgurke
2 rote oder orange Paprika
2 Nori-Blätter klein geschnitten
1 Pack Räuchertofu
2 EL eingelegten Sushi-Ingwer
1 TL Wasabi-Paste
200 g geschnittenen Chinakohl
2 EL Sesamsamen

zum Servieren:
Sojasauce und Chiliflocken

1 Koche den Reis. Reduziere anschließend die Hitze und lasse es ca. 20 Minuten mit aufgesetztem Deckel köcheln. Den Reisessig in den Reis unterrühren und alles, mit Deckel, im Topf auskühlen lassen.

2 Schneide die Paprikas, die Avocado und den Chinakohl. Zerkleinere den Räuchertofu in mundgerechte Würfel und lege sie kurz in Sojasauce ein. Nori-Blätter mit Schale in feine Streifen schneiden.

3 Fülle den ausgekühlten Reis in eine Schüssel und richte es mit allen restlichen Zutaten schön an. Garniere mit dem Sushi-Ingwer und dem Wasabi.

4 Streue die Nori-Blätter und Sesamsamen darüber und serviere deine Bowl mit der übrigen Sojasauce.

Kleiner Tipp:

Nori Algen (woraus Sushi Blätter entstehen) sind reich an Vitamin B1, B2, Niacin, C, B12, Kalzium, Eisen, Folsäure, Phosphor, Magnesium, Zink, Selen, Silizium, Mangan, Kupfer und haben viel Jod. Diese Algen können uns durch den hohen Gehalt an B12 Vitaminen bei Erschöpfungszuständen, Muskelschwäche und Immunschwäche helfen. Sie wirken vorbeugend bei häufigen entzündlichen Erkrankungen die durch Mangel an B12 entstehen.

Weiße Gemüsesuppe

mit Fenchel und Birne

25 Min.

für 4 Personen

3 EL	Olivenöl
1	weiße Zwiebel gewürfelt
1	kleine Sellerieknolle
1	Fenchelknolle
3	Kartoffeln
1	Petersilienknolle
1	Birne gewürfelt
3 Tassen	Gemüsebrühe
2 Tassen	Wasser
¼ TL	Kardamom
3	Knoblauchzehen
⅓ Becher	Schlagsahne oder vegane Cuisine
	Salz & Pfeffer

1. Wasche und schneide all dein Gemüse in Würfel.

2. Brate in einem großen Topf die Zwiebel und den Ingwer in Olivenöl 2–3 Minuten weich an.

3. Füge nun das Gemüse, die Gemüsebrühe, das Wasser und die Gewürze hinzu und reduziere die Hitze auf mittlere Stärke, um es im verschlossenen Topf für 15 Minuten köcheln zu lassen.

4. Püriere die Suppe, gib die Schlagsahne oder vegane Cuisine hinzu und mische sie bis die Suppe eine sehr glatte Konsistenz hat.

Kleiner Tipp:

Vom Fenchel kannst du sowohl die weiße Knolle als auch die grünen Stängel und die Samen essen. Sie alle schmecken aufgrund der ätherischen Öle nach Anis. Darüber hinaus enthält Fenchel viele weitere gesunde Inhaltsstoffe, unter anderem Magnesium, Kalium, Eisen sowie Vitamin A und C.
Das Weiße vom Fenchel kannst du roh essen, kochen, braten oder im Ofen backen. Es passt zu vielen Gemüsesorten.

Teriyaki Tofu
mit Edamame

20 Min.

für 3 Personen

1 Packung	festen Tofu
1	kleinen Brokkoli
10	Champignons

Teriyaki Marinade:

3 EL	Sojasauce
3 EL	Teriyaki-Sauce
3 EL	Wasser
¼ Tasse	Mirin-Reiswein
1 EL	Reisweinessig
1–2 EL	brauner Zucker
1 cm	Ingwer, gerieben
3	Knoblauchzehen, gehackt

zum Servieren:

400 g	gekochter Jasminreis
2 EL	Sesamsamen
300 g	Tiefkühl-Edamame
1 EL	Sesamöl
1	Frühlingszwiebel

1. Vermenge die Marinade-Zutaten gründlich in einer Schüssel und stelle sicher, dass der Zucker aufgelöst ist.

2. Schneide das Tofu und die Pilze in kleine Stücke und den Brokkoli in Röschen. Schwenke alles in einer großen Schüssel in der Marinade, um es dann 20 Minuten ziehen lassen.

3. Sobald die Pfanne heiß ist, gib das marinierte Gemüse mit dem Tofu hinein und brate das Tofu auf jeder Seite einige Minuten an bis es braun wird. Gieße die überschüssige Marinade beim Kochen darüber und lass es kurz aufkochen.

4. Erhitze 1 EL Sesamöl bei mittlerer Hitze in einer weiteren Pfanne, um anschließend darin die Edamame zusammen mit den Sesamsamen zu dünsten. Serviere es mit gekochtem Reis, Sesam und geschnittenen Frühlingszwiebeln.

Kleiner Tipp:

Edamame – grüne Sojabohnen sind reich an Eisen, Kalzium, Vitamin A und E sowie Ballastoffen. Die kleinen grünen Bohnen wirken positiv auf unser Immunsystem.

Asiatisches Pfannengericht

mit Chinakohl und Nudeln

 20 Min.

für 2 Portionen

1	Packung Tofu
2	gelbe Paprikas
1	Chinakohl
1 Pack	Reisnudeln
2 EL	Erdnussöl
1 EL	Öl
	Chiliflocken, Sesamsamen
	gehackte Erdnüsse

Für die Marinade:

2 TL	Tamaris Sauce
2 cm	Stück Ingwer, geschält und fein gerieben
1	Knoblauchzehe, fein gehackt
2 EL	Limettensaft
1 TL	Sesamöl

Chinakohl hat viele Vitamine. Darunter Vitamin C, Vitamin B, Kalium, Magnesium, Phosphor, Kalzium, Eisen und Folsäure.
Wie jedes Kohlgemüse enthält es viele Ballaststoffe und ist sehr kalorienarm, das macht es zu einem perfekten Gemüse zum Abnehmen macht, es wirkt entgiftend und unterstützt unser Immunsystem.

1. Gib alle Marinade-Zutaten in eine Salatschüssel und vermische diese gründlich. Hole das Tofu aus der Packung raus und schneide es in mundgerechte Würfel. Gib nun das Tofu in die Marinade hinein und lass es bei Zimmertemperatur für ca. 20 Minuten einziehen.

2. Koche nun die Reisnudeln nach Packungsanweisung in Salzwasser. Danach tropfe sie ab und stelle sie beiseite.

3. Hacke den Chinakohl fein und gib ihn zusammen mit 2 EL Wasser, Salz, Pfeffer und Erdnussöl in eine vorgeheizte Pfanne und dünste ihn für 3 Minuten unter ständigem Rühren. Wenn der Chinakohl weich wird, stelle ihn ebenso beiseite.

4. Jetzt wasche und schneide die Paprikas in dickere Streifen, erwärme einen EL Öl in einer tiefen Pfanne und brate die Paprika an. Gib das Tofu und Marinade nach 2 Minuten in die Pfanne und lass es für ca. 5 Minuten köcheln.

5. Serviere die Nudeln mit dem warmen Chinakohl, Tofu und bestreue es mit Chiliflocken, Sesamsamen und Erdnüssen.

Rote Bete Risotto

mit Walnüssen und Salbei

30 Min.
15 Min. Backzeit

für 4 Portionen

250 g	Risotto-Reis
800 ml	Brühe
1	Zwiebel
4 EL	Olivenöl
100 ml	Weißwein (trocken)
4	mittlere Rote Bete, gewürfelt
1 EL	Aceto Balsamico Bianco
	Salz & Pfeffer
1 Prise	Kardamom
2	Salbeiblätter

Topping nach Belieben:
Olivenöl
Walnüsse
Salbeiblätter

1 Wasche, schäle und schneide die Rote Bete in kleine Würfel. Gib sie zusammen mit 1 EL Olivenöl und einer Prise Salz in eine Auflaufform und backe sie auf 180 °C Umluft für ca. 15 Minuten.

2 Wenn die Rote Bete gebacken ist, erhitze einen Topf mit etwas Öl auf mittlerer Hitze und schwitze die Zwiebel für etwa 2 Minuten darin an.

3 Mische den Reis zusammen mit der Roten Bete und erhitze dies für eine weitere Minute unter ständigem Rühren. Lösche alles mit dem Weißwein und der Brühe ab und gib anschließend alle weiteren Risotto-Zutaten in den Topf und lass es bei geschlossenem Deckel für 15–20 Minuten köcheln.

4 Während das Risotto köchelt, erhitze eine Pfanne mit etwas Olivenöl, und brate darin die Salbeiblätter, sowie die gehackten Walnüsse kurz an und serviere alles nach Belieben.

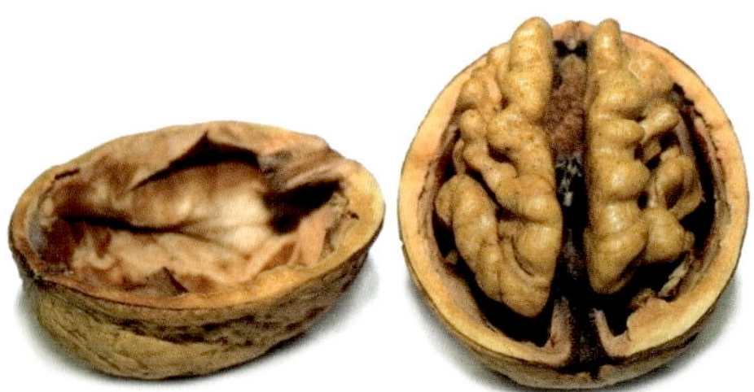

Kleiner Tipp:

Walnüsse sind reich an Magnesium, Zink, Kupfer, Eisen, Phosphor, vielen Vitaminen und guten Fetten, Folsäure wie z. B. Omega-3, Lecithin, Eisen sowie Kalium.
Der tägliche Verzehr kann unseren Kreislauf und das Herz unterstützen, stresslindernd wirken, unser Immmunsystem aufbauen sowie uns vor Diabetes schützen.

Kürbis-Curry

mit Tofu

 20 Min.

für 2-3 Portionen

1 Dose	Kokosmilch, möglichst cremig (nicht schütteln)
20 g	gelbe Currypaste oder -pulver
1	Zwiebel
1 Packung	Tofu
2–3 Stängel	frischen Koriander
3 cm	Ingwer
2	Karotten
½	Hokkaidokürbis
1 Tasse	Gemüsebrühe oder Wasser

Restliche Zutaten:

300 g	gekochter Naturreis
1	Avocado in Scheibchen geschnitten
	Koriander
400 g	Hanfsamen

1. Koche den Reis nach Packungshinweis und stelle ihn geschlossen beiseite.
2. Erhitze das Kokosöl in einem Wok oder einer Pfanne mit hohem Rand. Röste darin das Tofu bis es von allen Seiten eine goldene Farbe bekommt, dann hole es heraus und stelle es beiseite.
3. Schneide das geputzte Gemüse nun in kleine mundgerechte Würfel und brate es für ca. 5 Minuten in der Pfanne an.
4. Putze und schneide den Ingwer fein. Presse den Knoblauch und mische ihn mit der gelben Currypaste oder -pulver und den restlichen Curry-Zutaten.
5. Nun lösche es mit der Gemüsebrühe oder Wasser und der Kokosmilch ab. Dann für ca. 15 Minuten köcheln lassen, bis die Sauce leicht eindickt.
6. Serviere das Ganze mit Avocadoscheibchen, Hanfsamen und Koriandersamen.

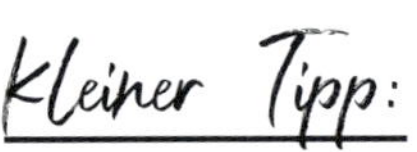

Kürbis ist reich an Vitaminen wie z. B. Beta-Carotin und Vitamin C. Außerdem enthält er zahlreiche Mineralstoffe wie Kalium, Magnesium, Kalzium, Eisen, Phytosterinen, Omega-3-Fettsäuren sowie eine große Menge an Ballaststoffen.

Gefüllte Süßkartoffeln

mit Chinakohl und Banane

 40 Min.

für 3 - 4 Personen

6 große	Bio-Süßkartoffeln (3 Süßkartoffeln je Füllung)

Für die Chinakohl-Füllung:

½	Chinakohl (in dünne Streifen geschnitten)
½ Dose	Mais (ohne Flüssigkeit)
1 EL	Kokosöl
1 Prise	Kreuzkümmel (gemahlen)
	etwas Salz
	Chilipulver & Pfeffer
2–3 EL	Wasser

Für die Tahini-Sauce/Sesammus:

3 EL	Tahini
1	Knoblauchzehe (gepresst oder fein gehackt)
1 EL	Zitronensaft
¼ TL	Meersalz
1 Prise	Kreuzkümmel (gemahlen)

Für die Bananen-Füllung:

2–3	Bananen (in Scheiben)
1 EL	Kokosöl
1 Prise	Zimt

Für das Topping:

¼ TL	Kokosblütenzucker
3 EL	Haselnussmus oder Erdnussmus
1 Tasse	gemischte Beeren
1	Apfel (in Scheiben)

1 Wasche die Süßkartoffeln und stich mit einer Gabel rundherum ein. Gare sie im 200 °C vorgeheizten Backofen für ca. 30–40 Minuten.

2 Chinakohl-Füllung: Gib 1 EL Kokosöl in eine Pfanne und erhitze es auf mittlerer Stufe. Füge den Chinakohl in die Pfanne hinzu und brate ihn bis er weich wird. Dünste den abgetropften Mais zusammen mit den Gewürzen und 2 EL Wasser mit geschlossenem Deckel für ca. 5 Minuten. Die Pfanne beiseitestellen.

3 Für die Tahini-Sauce verrühre alle Zutaten in einer Schüssel. Bis zum Servieren kühl stellen.

4 Brate die in Scheiben geschnittenen Bananen mit einer Prise Zimt in einer Pfanne bei mittlerer Hitze mit 1 EL Kokosöl an, bis sie goldbraun werden.

5 Nach der 40-minütigen Garzeit nimm die Süßkartoffeln aus dem Ofen, schneide sie in der Mitte vorsichtig ein und zerdrücke das Fleisch von innen mit einer Gabel. Richte die Süßkartoffeln auf einem großen Servierteller an und belege sie mit den Füllungen. Anschließend mit der Sauce und dem Topping garnieren und genießen.

Mexikanische-Bowl

mit Kidneybohnen

 20 Min.

für 2 Portionen

200 g	gekochter Basmatireis
4 EL	Kidneybohnen
4 EL	Gemüsemais aus der Dose
1	überreife zerstampfte Avocado
2	Tomate
2 Stangen	Frühlingszwiebeln
2 EL	Naturjoghurt
1/2 TL	Cayennepfeffer
	Salz, Pfeffer
4 Stängel	Koriander
1	Limette
1	Jalapeño oder Peperoni
2 EL	scharfe Sauce

1. Koch den Reis nach Packungsanweisung. Schneide die Frühlingszwiebeln und zerstampfe die Avocado mit einer Gabel.
2. Vermenge die grob gewürfelten Tomaten mit 1 EL Olivenöl, Salz und Pfeffer. Zupfe den Koriander und schneide die Jalapeño oder Peperoni in Ringe.
3. Halbiere die Limette und halte den Mais, die Bohnen, sowie Joghurt fürs Servieren bereit.
4. Richte alle Zutaten in 2 Schüsseln an: Den Reis ganz unten drappieren und die restlichen Zutaten optisch ansprechend anrichten. Mit Gewürzen und Limettensaft verfeinern. Gieße den Joghurt und die scharfe Sauce darauf.

Kleiner Tipp:

Basmatireis ist reich an Kalium, Natrium, Jod, Zink, Kobalt, Fluor, Eisen und Phosphor, aber er enthält wenig Eiweiß. Es ist eine schnellkochende und sehr aromatische Reissorte.

Vegane Dips
für Salate oder als Topping

 20 Min.

Tofu-Mayonnaise

Für die richtige Konsistenz, stelle die Mayonnaise über Nacht in den Kühlschrank.

Zutaten:

200 g	Silken Tofu
1 EL	veganer Joghurt
1 EL	Essig
4 EL	Öl
1 TL	Knoblauchpulver
1 Prise	Zucker
	Salz & Pfeffer

Chutney aus frischen Tomaten

Für ein dickflüssiges Chutney, entferne das Tomateninnere

Zutaten:

2	große Tomaten (gewürfelt)
1	kleine rote Zwiebel (gewürfelt)
2 Stangen	frischer Koriander
1 EL	Olivenöl
1 TL	Kreuzkümmel
1	Knoblauchzehe
⅓ TL	Kokosblütenzucker
	Salz & Pfeffer

Bärlauchpesto

Eignet sich auch wunderbar als Brotaufstrich.

Zutaten:

1 Bund	Bärlauch
1 EL	Sonnenblumenkerne
70 ml	Olivenöl
1 EL	Pinienkerne
	Salz & Pfeffer

Erdnuss-Senf-Sauce

Eignet sich für Nudelgerichte und Salate.

Zutaten:

1 ½ EL	Wasser
2 EL	Senf
½ EL	Limettensaft
2 EL	Erdnusscreme
½ EL	Agavensirup
1 EL	Sojasauce
1 EL	Sesam
	Salz & weißer Pfeffer

Zubereitung:

Mixe mit einem Stabmixer jeweils alle Zutaten auf leichter Stufe zu einem cremigen Dip. Solltest du diese gerne scharf oder würziger mögen, dann variiere nach Belieben. Jeden dieser Dips kannst du bis zu 3 Tage im Kühlschrank in einem geschlossenen Glas aufbewahren.

Vegane Paella

mit Artischocken und Oliven

 40 Min.

für 4 Portionen

1 ¼ Tassen	Reis
2 EL	Gemüsebrühepulver
1	mittelgroße Zwiebel, gewürfelt
½	rote Paprika in Streifen
½	gelbe Paprika in Streifen
½	grüne Paprika in Streifen
1 handvoll	Oliven, in Scheiben
5	Knoblauchzehen, gehackt
1	große Tomate, gewürfelt
4 Stück	eingelegte Artischocken
1 Prise	Safran
1 EL	Olivenöl
1 TL	geräucherte Paprika
½ TL	süße Paprika
1 TL	Meersalz & Pfeffer

Kleiner Tipp:

Artischocken sind reich an Vitamin A, B, E und Mineralstoffen wie Eisen, Kalzium, Magnesium und Phosphor. Schon eine große Knospe jeden Tag kann die Tagesdosis an all den Nährstoffen decken. Sie unterstützen die Verdauung, indem sie Blähungen lindern sowie die Leber- und Gallentätigkeit anregen.

1. Gib den Safran in ein Glas mit heißem Wasser und stelle ihn für 5 Minuten beiseite. Nun die Zwiebeln schälen und mit der Paprika schneiden.

2. Erhitze Olivenöl in einer Pfanne. Zwiebeln und ⅓ der geschnittenen Paprika beigeben und ca. 5 Minuten braten. Gib Knoblauch, Tomaten und geräucherte Paprika mit in die Pfanne.

3. Unter ständigem Rühren füge den Reis, die Brühe, die Safranmischung mit den anderen Gewürze hinzu. Alles zum Kochen bringen und dann die Hitze reduzieren und unbedeckt 10 Minuten köcheln lassen. Den Reis nicht mehr umrühren. Wenn die Flüssigkeit zu schnell abkocht, gieße etwas warmes Wasser hinein.

4. Nach 10 Minuten Garzeit dekoriere alles. Bedecke das Ganze schön mit Oliven, Paprikastreifen, Limetten und eingelegten Pfeffer. Decke alles, ohne weitere Hitze, für 10–15 Minuten mit einem Küchentuch ab. Somit kann der Reis die restliche Flüssigkeit aufnehmen und die Paprika dämpfen. Wenn der Reis gekocht ist, serviere ihn mit frischen Kräutern, Artischocken und am liebsten Knoblauchsauce oder Joghurt.

Mediterrane Pasta

mit Feta und Artischocken

 25 Min.

für 2-3 Portionen

½ Packung	Fettuccine Nudeln
5	große eingelegte Kapern
10–12 Stück	getrocknete Tomaten in Öl
8–10 Blätter	Spinat
10 Stück	Artischocken, in Öl eingelegt
½ Packung	Feta Käse
1 EL	Aceto Balsamico
2 Zehen	Knoblauch, fein gehackt
1 EL	Olivenöl
	Salz
	Pfeffer

1. Koche die Nudeln nach Packungsanweisung in gesalzenem Wasser, gieße sie ab und stelle sie beiseite.
2. Gib nun das Olivenöl mit Knoblauch, Salz, Pfeffer und Spinat in eine vorgeheizte Pfanne und dünste alles für ca. 2–3 Minuten.
3. Jetzt schneide die getrockneten Tomaten, gib die Nudeln und alle restlichen Zutaten in eine Salatschüssel und vermische es mit dem gedünsteten Spinat.
4. Bestreue alles gründlich mit Feta und genieße es warm oder kalt.

Kleiner Tipp:

Kapern sind reich an B-Vitaminen, Calcium, Kalium, Natrium, Magnesium und Eisen wie auch Flavonoide.

Rote Bete-Cremesuppe
mit Sellerie

 30 Min.

für 4 Portionen

4 Knollen	Rote Bete
¼	Sellerieknolle
2	mittelgroße Kartoffeln
1	Zwiebel
1 EL	Ghee
1 EL	Gemüsebrühe /oder Wasser und 3 EL Gemüsebrühepulver
1 TL	Zitronensaft
2	Lorbeerblätter
1 Prise	Kardamom
	Salz & Pfeffer

zum Servieren:
Joghurt, Hanfsamen und Croûtons

1. Wasche, schäle und schneide die Rote Bete, den Sellerie und die Kartoffeln in Würfel. Schäle und zerkleinere auch die Zwiebel.
2. Erwärme das Ghee in einem großen Kochtopf auf mittlerer Hitze. Rote Bete, Sellerie, Kartoffeln und Zwiebeln dazugeben und 2–3 Minuten leicht anbraten.
3. Gieße das Wasser mit allen Gewürzen und Zitronensaft darüber und lasse es aufkochen. Für ca. 20 Minuten abdecken und köcheln lassen, bis das gesamte Gemüse weich ist. Danach püriere alles mit einem Stabmixer – falls nötig nochmal mit Salz und Pfeffer abschmecken.
4. Serviere mit Naturjoghurt, Croûtons und Hanfsamen.

Kleiner Tipp:

Knollensellerie ist reich an Vitamin A, B, C und E, Natrium, Kalium, Ballaststoffen aber auch an Apigenin (weißes Flavonoid), das antioxidative Eigenschaften besitzt und entzündungslindernd wirkt.
Sellerie hilft aber auch unserem Kreislauf und der Verdauung.

Rainbow Buddha Bowl

mit Tofu, Teriyaki und Aubergine

 30 Min.

für 2-3 Portionen

400 g	Tofu
1	Aubergine, fein gewürfelt
1 EL	Teriyakisauce + 1 EL Wasser
1 EL	Sesam
1 ⅓ Tasse	Basmatireis
2	Karotten
1	Avocado
1	rote Zwiebel
1 Knolle	Sellerie
6–8	Kirschtomaten
	einige Blaubeeren

Tofu-Marinade:

2 EL	geriebener Ingwer
2	Knoblauchzehen
5 EL	Ahornsirup
2 EL	Sojasauce
2 EL	Sesamöl
3 EL	Wasser
1 EL	Limettensaft
	Salz & Pfeffer

Sauce:

2 EL	Tahini/Sesampaste
1 TL	Sesam

1. Koche den Basmatireis gemäß der Packungsanweisung. Schneide den Tofu in 1–2 cm große Würfel.

2. Schäle den Knoblauch und drücke mit der Knoblauchpresse in eine Schüssel. Ahornsirup, Wasser, Sojasauce, Zitronensaft, Öl, Salz und Pfeffer hinzufügen und gut umrühren.

3. Dann kann der Tofu unter vorsichtigem Umrühren, beigegeben werden. Für 10 Minuten beiseitestellen. In dieser Zeit wasche und schneide das Gemüse. Den gelben Mais abtropfen lassen.

4. Brate den Tofu ohne Marinade in einer heißen Pfanne von allen Seiten mit je 1 EL Sesamöl für 2–3 Minuten an. Die Mariande hinzugeben und weitere 3 Minuten braten.

5. Die restliche Marinade für die Sauce beiseitestellen. Nun die Auberginen-Würfel, Limettensaft, Teriyakisauce und Wasser hinzugeben – alles ca. 2 Minuten mit geschlossenem Deckel schmoren lassen.

6. Vermische nun die restliche Marinade mit Tahini und Sesam zu deiner Sesamsauce. Wenn der Reis gekocht ist, serviere alle Zutaten wie auf dem Bild.

Würzige Linsensuppe
mit Karotten

25 Min.
ca. 3 Stunden vorher Einweichen

für 4 Portionen

¾ Tasse	trockene grüne Linsen
1	weiße Zwiebel geschnitten
2	große Karotten, geschält und gekocht
2	Kartoffeln, geschält und gekocht
1 TL	Majoran
3	Lorbeerblätter
1 EL	Knoblauchpulver
1 TL	Kumin
1 TL	Salz
⅓ TL	schwarzer Pfeffer
1 Liter	Wasser
1 EL	Öl
	Petersilie

1. Weiche die Linsen 3 Stunden in einer großen Schüssel mit Wasser ein.
2. Spüle die Linsen gründlich. Gib alle Zutaten in einen großen Topf und koche alles bei mittlerer Hitze (einmal aufkochen, die Hitze danach reduzieren und den Topf abdecken). Lasse es 15–20 Minuten köcheln, bis die Linsen und das Gemüse weich sind.
3. Die Suppe mit Bio-Knäckebrot oder Vollkornbrot und frischen Kräutern servieren und genießen.

Kleiner Tipp:

Linsen sind lange haltbar, sehr sättigend, gesund und preiswert. Dank ihres sehr hohen Eiweißanteils eignen sie sich perfekt als Fleischersatz. Sie beinhalten wenig Fett, jede Menge Vitamin B, Zink, Ballaststoffe und Mineralien, essentielle Aminosäuren, Magnesium, Kalium und sind ebenso ein guter Kohlenhydrat-Lieferant.

Grünes Püree mit Erbsen

und Austernpilz-Geschnetzeltes

 30 Min.

für 3-4 Portionen

Für das grüne Püree:

7	mittlere Kartoffeln
1 Tasse	grüne Erbsen für das Püree
1 Tasse	Erbsen als Topping
⅔ Tasse	Milch
1 EL	veganer Ghee oder Butter

Für das Geschnetzelte:

200 g	Austernpilze
2	Zwiebeln sehr klein gehackt
2	kleine Knoblauchzehen
2 TL	Öl zum Anbraten
	Salz & Pfeffer
1 Prise	Gemüsebrühe-Pulver
100 ml	vegane Sahne
100 ml	Wasser + ½ EL Speisestärke

1. Koche die geviertelten Kartoffeln 20 Minuten in Salzwasser. Während die Kartoffeln kochen, erwärme das Ghee in einem separaten Topf und gib die Erbsen dazu. Schmore dies bis es weicher wird und stelle es dann beiseite.

2. Während die Kartoffeln kochen, wasche und schneide die Pilze und Zwiebeln in dünne Streifen. Alles in einer heißen Pfanne mit Öl goldig anbrate. Die Sahne zufügen und erhitzen bis es aufgekocht ist. Gib nun das Wasser mit Speisestärke und allen Gewürzen hinzu. Lasse es aufkochen und stelle es beiseite.

3. Zerstampfe die weichen Kartoffeln nun. Püriere die Hälfte deiner Erbsen gründlich mit Milch in den Standmixer. Gib dann das Erbsenpüree und Ghee zu den Kartoffeln und vermische es zum grünen Püree.

4. Serviere das Püree zusammen mit dem Geschnetzelten und den restlichen Erbsen.

Kleiner Tipp:

Austernpilze enthalten B-Vitamine wie B1, B2, Folsäure, Antioxidantien, Ballastoffe und Phosphor. Sie sind kalorienarm, reich an Wasser, unterstützen beim Abnehmen und senken den Cholesterinspiegel.

Geröstete Tomatensuppe

mit Reis und Quinoa

30 Min.

für 4-5 Portionen

5	Tomaten
1	Karotte
1	weiße Zwiebel gewürfelt
1 TL	geräuchertes Paprikapulver
4	Knoblauchzehen
500 ml	passierte Tomaten
500 ml	Gemüsebrühe
2 EL	Olivenöl
1 TL	Chiliflocken
¼ Tasse	Reis
¼ Tasse	Quinoa
	Salz
	gemahlener Pfeffer
3	Lorbeerblätter

1. Wasche die Tomaten, schneide sie in zwei Hälften und backe sie 10–15 Minuten lang bei 180 °C Umluft.

2. Schäle und hacke die Zwiebel und den Knoblauch. Wasche und reibe die Karotte. Erhitze 2 EL Olivenöl in einem Topf. Zwiebel, Karotte und Knoblauch dazugeben und 2–3 Minuten bei mittlerer Hitze anbraten.

3. Gib dann Reis, Quinoa und Gewürze in die Pfanne und schmore sie 2 Minuten lang an. Füge nun gebackene Tomaten und Pizzatomaten hinzu, gieße die Gemüsebrühe darüber und lasse es bei mittlerer Hitze 20 Minuten köcheln.

4. Mit Joghurt und frischem Basilikum und Petersilie servieren.

Kleiner Tipp:

Tomaten beinhalten große Mengen an C- und B-Vitaminen, welche die Konzentration fördern. Sie sind auch ein Eisen-Lieferant, welches uns Energie gibt. Die Folsäure darin hat eine heilende Wirkung auf unser Nervensystem.

Grünes Erbsen-Gazpacho
mit Basilikum

 7 Min.

für 3-4 Portionen

Zutaten Gazpacho

1	Gurke, geschnitten
300 g	grüne Erbsen (frisch oder tiefgefroren)
1 Knolle	Fenchel
3–5 EL	veganer ungesüßter Joghurt
1	Knoblauchzehe
8–10	Basilikumblätter
2 Tassen	kaltes Wasser
4 EL	Aceto Bianco Balsamico
10 Stk.	Pistazien, geschält
	Salz & Pfeffer

Restliche Zutaten:

Olivenöl
Veganer Joghurt
Erbsen zur Deko

1 Gib alle Gazpacho-Zutaten in einen Mixer und vermische sie bis die Suppe eine cremige Konsistenz erhält.

2 Dekoriere die Suppe mit einem Schuss Olivenöl, etwas veganem Joghurt, und ein paar Erbsen. Um den Geschmack noch etwas interessanter zu machen.

3 Brate etwas Brot in etwas Olivenöl an und nutze es als Appetitanreger.

Kleiner Tipp:

Basilikum ist reich an ätherischen Ölen wie Cineol, Methylcinnamat, Linalool, Citral, Eugenol und Estragol die bei Nervosität, Schlafproblemen, Kopfschmerzen, Verdauungsprobleme und Migräne mildernd wirken. Basilikum ist aber auch reich an Nährstoffen wie Vitamin A, B sowie Kalium, Kalzium, Magnesium und Eisen.

Gelbe Erbsensuppe

mit Süßkartoffeln

60 Min.

für 4-5 Portionen

2 Tassen	getrocknete gelbe Erbsen
1 große	gelbe Zwiebeln geschält und gewürfelt
2 mittlere	geschälte und gewürfelte Süßkartoffeln
2 TL	feines Meersalz
½ TL	gemahlener Pfeffer
1 TL	getrockneter Majoran
1 TL	gemahlenes Kurkuma
3	Knoblauchzehen
2	Lorbeerblätter
1 ½ Liter	Wasser
1 EL	Öl

zum Servieren:
Sauerteigbrot, Naturjoghurt und Petersilie

1. Spüle die Erbsen, bis das Wasser klar ist. Erhitze Öl und Zwiebel in einem großen Topf und schmore die Zwiebel goldbraun an.

2. Füge den Rest der Zutaten hinzu und bringe es bei starker Hitze zum Kochen. Lasse es abgedeckt ca. 1 Stunde köcheln, bis die Erbsen weich sind.

3. Püriere die Suppe und serviere sie mit Sauerteigbrot, Joghurt und Petersilie.

Kleiner Tipp:

Erbsen erhalten besonders viele B-Vitamine, Magnesium, Eisen, Kalzium, Zink und Beta-Carotin. In Erbsen sind viele Proteine die unsere Muskulatur braucht und auch Ballastoffe die unsere Verdauung in Schwung bringen.

ABENDESSEN

Warmer Kartoffelsalat

mit Spinat und Kichererbsen

25 Min.

für 3-4 Portionen

5	gekochte kleine Kartoffeln
¾ Tasse	gefrorener Blattspinat
1	rote Zwiebel
½ Stange	Sellerie
1 Dose	abgetropfte Kichererbsen
10	Cherrytomaten
1 EL	Limettensaft
	Salz & Pfeffer
1 EL	Olivenöl
¼ TL	Knoblauchpulver

1. Wasche und koche die Kartoffeln in Salzwasser, tropfte sie ab und stelle sie zum Abkühlen beiseite.

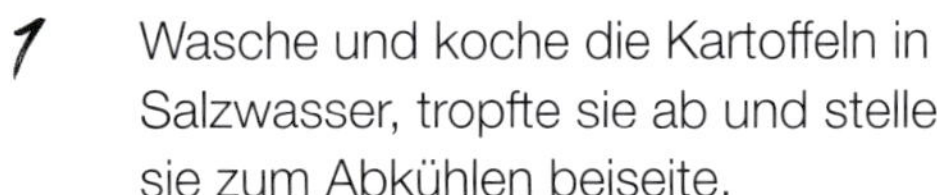

2. Schäle und schneide die Zwiebeln in Würfel, dann wasche und schneide die Selleriestangen und die Cherrytomaten.

3. Lasse nun die Kichererbsen abtropfen und schneide die Kartoffeln in mundgerechte Stücke. Gib die Zwiebeln in eine Pfanne mit erhitztem Öl und brate sie bei mittlerer Hitze kurz an. Dann den Spinat und den Sellerie hinzufügen und anbraten bis der Spinat weicher wird.

4. Alle restlichen Zutaten können vorsichtig mit untergerührt werden, damit die Kartoffeln nicht zerbröckeln.

5. Fülle den fertigen Salat in Bowls und serviere es als Hauptgericht oder Beilage.

Kleiner Tipp:

Spinat ist ein sehr kalorienarmes Gemüse. Es enthält neben Magnesium und Zink viele Vitamine wie Vitamin A, Vitamin C, Vitamin B6, Vitamin K, Folsäure, Kalium, Kalzium, Magnesium und Mangan. Der Verzehr von Spinat kann der Gesundheit der Augen zugutekommen, oxidativen Stress reduzieren, Krebs vorbeugen, beim Abnehmen helfen und den Blutdruck senken.

Vegane Sushi Burritos

mit 3 Saucen

60 Min.

für 6 Stück

6 große	Nori-Blätter
1 EL	Reisessig
300 g	japanischer Sushireis
1 EL	geröstetes Sesamöl
1	Prise Salz
1 Würfel	Tofu
2 EL	vegane Mayonnaise
1 kleine	Rote Bete
1	gelbe Tomate
1	Avocado
200 g	tiefgekühlte Brechbohnen
½	Gurke
200 g	Wassermelone
200 g	Kohlrabi
	Eingelegter Ingwer

Toppings:

2 EL	schwarzer/weißer Sesam
	Wasabi, Sojasauce und Chili
	Eingelegter Ingwer

Erdnuss-Sojasauce:

2 EL	Erdnussmus
1 EL	Sojasauce
1 EL	Agavendicksaft
1 cm	Ingwer gemahlen
1 EL	warmes Wasser
	Salz & Pfeffer

1. Koche den Sushi-Reis nach Packungsanweisung. Vermische alle Saucen-Zutaten bis du eine cremige Konsistenz erhältst und stelle es in den Kühlschrank.

2. Wasche und schäle das Gemüse und die Wassermelone. Schneide es in lange, dünne Streifen. Schneide den Tofu und Avoado in dünne Scheibchen. Vermische den abgekühlten Reis mit Mayo und Reisessig.

3. Belege deine Sushi Burritos und lege 2 Nori-Blätter auf die Sushi-Matte, sodass eine mit ca. 3 cm Länge auf der anderen liegt. Gib eine Schicht Sushi-Reis auf dem unteren 3/4 Teil der Nori-Blätter und belege es nach Belieben mit dem Gemüse und ein wenig eingelegten Ingwer, dann schließe die Nori-Blätter.

4. Klopfe mit deiner feuchten Hand etwas Wasser auf das obere Viertel des Nori-Blattes und rolle den Burrito vorsichtig von unten. Rolle nun mit der Sushi Matte deine Burritos und drücke sie ein wenig zu, damit der Tofu fest sitzt.

5. Schneide deine Sushi Burritos in Hälften und bestreue sie mit Sesam. Serviere dazu den eingelegten Ingwer, Chili, Wasabi und deine Sauce.

Grünes Shakshuka

mit Kichererbsen und Tofu

10–15 Min.

für 3-4 Portionen

1 Pack	Silken-Tofu, entwässert und klein gewürfelt
1 Dose	Kichererbsen + 4 EL Flüssigkeit
5 cm	Porree geschnitten
1	grüne Paprika gewürfelt
2	EL Olivenöl oder Ghee
200 g	Spinat, frisch oder tiefgekühlt
1	Stängel Mangold geschnitten
¼ TL	Gemüsebrühe-Pulver
¼ TL	Kumin
	Salz & Pfeffer nach Geschmack

zum Verfeinern:
Sesam, Sauerteigbrot zum Servieren

1. Erhitze eine Pfanne mit Olivenöl oder Ghee bei mittlerer Hitze und brate den Tofu 2 Minuten an.

2. Nimm den Tofu aus der Pfanne und gib Porree, Paprika und Mangold hinein und brate es kurz an. Die Kichererbsen abtropfen lassen (bitte das Kichererbsenwasser aufbewahren – dieses eignet sich perfekt als Ersatz zu einer Eiweißquelle) und zusammen mit 4 EL Kichererbsenwasser, den Tofu und Spinatblätter zur Mischung geben. Alles bei mittlerer Hitze ca. 10 Minuten köcheln lassen.

3. Serviere alles mit Sauerteig oder Vollkornbrot und ein wenig Sesam.

Kleiner Tipp:

Vor allem Vegetarier und Veganer profitieren von Kichererbsen. Während getrocknete Kichererbsen 20 Gramm Eiweiß pro 100 Gramm mitbringen, kann sich auch die Variante aus der Dose mit 7 Gramm sehen lassen. Zudem steuern die Powerpakete Eisen bei, welches bei Pflanzenfans gerne mal zu kurz kommt. Eiweiß fungiert im Körper zum Beispiel als elementarer Zellbaustein. Im Blut ist das Spurenelement Eisen unter anderem für den Sauerstofftransport zuständig.

Baba Ghanoush

mit getrockneten Tomaten

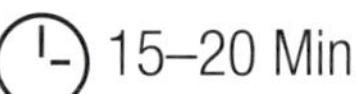
15–20 Min.

für 2 Personen

2 Stück	Auberginen
4 EL	natives Olivenöl
5 EL	Zitronensaft
3 cm	Porree, gehackt
4	Knoblauchzehen
8 Sück	getrocknete Tomaten aus dem Glas
1 Prise	Salz & Pfeffer

Kleiner Tipp:

Auberginen enthalten Vitamine der B-Gruppe sowie Vitamin C, Kalium, Ballaststoffe und bestehen mit über 93 % aus Wasser. Gegarte Auberginen können positive Wirkungen auf unserer Verdauung und Kreislauf haben. Für den Rohverzehr sind sie ungeeignet, da sie in rohem Zustand ein paar giftige Stoffe enthalten.

1. Heize den Backofen auf 200 °C vor. Halbiere die Auberginen in der Länge und schneide sie in der Mitte leicht ein.
2. Platziere die Aubergine nun mit der Schnittfläche auf das mit Backpapier bedeckte Backblech und bestreiche es mit etwas Olivenöl. Backe die Aubergine auf 180 °C für etwa 10–15 Minuten.
3. In der Zwischenzeit, schäle und schneide den Knoblauch und den Porree ganz fein.
4. Hole die Auberginen nun aus dem Backofen und ziehe die Haut ab, sodass du das reine Fruchtfleisch der Aubergine erhältst.
5. Gib den Knoblauch, Porree, getrocknete Tomaten und Aubergine zusammen mit Gewürzen in den Mixer und püriere bis du eine cremige Masse erhältst.
6. Serviere das Ganze mit Olivenöl, Kräutern und Sesamcracker.

Leckeres Taboulé

mit Cashew, Birne & Erbsen

 25 Min.

für 4 Portionen

200 g	glutenfreier Couscous
400 ml	Wasser
1 handvoll	Cashewnüsse
1	kleine Birne, gewürfelt
½	Gurke, gewürfelt
2	Frühlingszwiebeln, fein geschnitten
2 EL	Minze, gehackt
2 EL	Petersilie, gehackt
¾ Tasse	grüne Erbsen
1	Knoblauchzehe, zerkleinert oder gerieben
½ TL	Salz
½ TL	schwarzer Pfeffer
1 EL	Sonnenblumenkerne
1 EL	Kürbiskerne
1 Prise	Chili Flocken
2 EL	Olivenöl
100 ml	Saft einer halben Zitrone

1. Füge den Couscous und das gesalzene, kochende Wasser in eine Pfanne zusammen und bringe es erneut zum Kochen. Bedecke das Ganze und schalte den Herd vollständig aus. Stelle den Cuscous für 5–10 Minuten beiseite.

2. In dieser Zeit gib nun Olivenöl und Zitronensaft in eine Salatschüssel und vermische es mit allen Gewürzen zu einer Salatsauce.

3. Wasche und schneide die Birne und das Gemüse. Wenn der Couscous gekocht ist, füge ihn einfach zu den restlichen Zutaten hinzu und rühre alles sorgfältig, aber auch sanft um.

Kleiner Tipp:

Birnen liefern uns viel Eisen, Kalium, Kupfer, Jod, Magnesium, Phosphat und Zink aber auch viele Vitamine und Ballastoffe. Durch den hohen Gehalt an Kalium wirkt die Frucht auf unseren Körper entwässernd und kann bei Nieren- und Blasenproblemen helfen. Wegen ihrem hohen Gehalt an Ballaststoffen und Vitaminen, die meist in der Birnenschale sitzen, sind sie auch hilfreich bei Verdauungsproblemen.

Rote Bete Burger

mit schwarzen Bohnen

 20 Min.

für 2 Stück

1 Dose	Schwarze Bohnen (abgetropft)
1 Tasse	Haferflocken (getrennt)
2 EL	Haferflocken (einzeln)
2	gekochte Rote Bete (gewürfelt)
3	Knoblauchzehen
	Salz & Pfeffer
	Kreuzkümmel
	Cayennepfeffer
	Dill (getrocknet)

Restliche Zutaten:

2	Burger Buns
	Süßer Senf
1	Avocado in Scheibchen
1	Tomate
1	rote Zwiebel in Scheiben
1	Gurke (längs geschnitten)

1. Püriere sämtliche Pattie Zutaten in deinem Blender auf mittlerer Stufe bis du eine feste und gleichmäßige Konsistenz erhältst.

2. Forme anschließend die Patties in der Größe der Burger Buns. Erhitze etwas Öl in einer Pfanne und brate die Patties auf mittlerer Stufe beidseitig für je 5 Minuten an.

3. Halbiere die Buns und grille diese 2 Minuten auf der Innenseite. Bestreiche die Innenseiten der Buns mit Senf. Belege als nächstes das Ganze mit Avocado, Zwiebel, einem Pattie und Tomatenscheiben, dann wieder mit einem Pattie, Tomatenscheiben und Gurkenrollen. Beende das Ganze nun mit der zweiten Bun Hälfte.

Kleiner Tipp:

Schwarze Bohnen enthalten viel pflanzliches Eiweiß, sind reich an Ballaststoffen, Antioxidantien, Vitaminen und Mineralstoffen, wie z. B. Eisen, Zink, Magnesium und eignen sich bestens in der veganen Küche. Durch den hohen Gehalt an Ballastoffen geben sie ein langes Sättigungsgefühl, was zur Vorbeugung von Übergewicht und Diabetes Typ 2 helfen kann.

Veganes Shakshuka

mit Spinat und Kichererbsen

10–15 Min.

für 3-4 Portionen

1 EL	Olivenöl
1	gelbe Zwiebel
2	Knoblauchzehen
400 ml	gehackte Tomaten
400 ml	Kichererbsen (entwässert)
8–10	Spinatblätter

zum Verfeinern:
Salz, Pfeffer, geräuchertes Paprikapulver, Chilipulver, Kreuzkümmel, Petersilie, ein wenig Olivenöl und ungesüßten Joghurt

1. Schäle und hacke die gelbe Zwiebel und die Knoblauchzehen.
2. Erwärme eine Pfanne mit 1 EL Olivenöl bei mittlerer Hitze und füge die Zwiebel und den Knoblauch hinzu. Dies 2 Minuten anbraten, bis die Zwiebel goldbraun wird.
3. Dann die Dosentomaten und alle Gewürze dazugeben und zum Kochen bringen. Probiere es und würze bei Bedarf nach.
4. Lasse die Kichererbsen abtropfen und gib es zusammen mit Spinatblättern zur Mischung. Bei mittlerer Hitze ca. 10 Minuten köcheln lassen.
5. Serviere alles mit Sauerteig oder Vollkornbrot, ein wenig Joghurt, Olivenöl und frischer Petersilie.

Kleiner Tipp:

Knoblauch ist reich an vielen Nährstoffen unter anderem: Vitamin A, B, C sowie Kalium und Selen. Es stärkt unser Immunsystem, hat entzündungshemmende Wirkungen und hilft gegen Erkältung oder Grippe. Durch die darin erhaltenen ätherischen Öle hilft Knoblauch bei der Blutbildung, unser Herz und unsere Gefäße gesund zu halten und unser Immunsystem zu stärken. Es wirkt ebenso entzündungshemmend und gilt als natürliches Antibiotikum.

„FEED YOUR

BODY AND SOUL“

Ingwer-Hummus mit Bratkartoffeln

und gebackenen Möhrchen

10 Min.
25 Min. Ofengemüse

für 2-3 Portionen

1 Dose	Kichererbsen (abgetropft)
300 ml	Saft einer halben Zitrone
3 EL	Sesampaste (Tahini)
4	Knoblauchzehen
2 cm	Ingwer (frisch und geschält)
1 ½ EL	Olivenöl
	Salz
	Cayenne Pfeffer

Zutaten Ofengemüse:

8	Frühlingskartoffeln
1 Bund	junge Möhrchen
1 Dose	Kichererbsen, entwässert
1 EL	Olivenöl
	Salz, Pfeffer
2 EL	Aceto Balsamico
⅓ TL	frischen Rosmarin
	Petersilie zum Bestreuen

1. Vermische Balsamico, Olivenöl, Salz, Pfeffer und Rosmarin zu einer Marinade.
2. Danach wasche und schneide die Kartoffeln in Spalten, und schneide das Grün von den gewaschenen Möhrchen ab.
3. Tropfe die Kichererbsen ab. Mariniere nun die Kartoffeln, Möhrchen und Kichererbsen in der Backform und backe sie für 15–20 Minuten bei 180 °C.
4. Gib nun alle Hummus-Zutaten in den Standmixer und vermische den Inhalt solange, bis du einen cremigen Hummus erhältst. Sollte die Masse zu steif werden, gib noch einen oder 2 EL Wasser dazu.
5. Serviere den Hummus mit den gebratenen Kartoffeln und Karotten.

Kleiner Tipp:

Tahini ist reich an gesunden Fetten, Vitaminen und Mineralien, wie auch an Antioxidantien. Kann antibakterielle Eigenschaften haben und kann dein zentrales Nervensystem stärken.

Pecansalat

mit Prinzessbohnen

 10 Min.

für 3 Portionen

750 g	frische oder tiefgekühlte Prinzess bohnen (vorzugsweise bunt)
6–8	Cherrytomate, halbiert
½ Becher	Pecannüsse
8	in Öl eingelegte Knoblauchzehen
1 EL	Knoblauchöl
1–2 EL	Hanfsamen
	Salz & Pfeffer
10	gehackte Basilikumblätter

1. Blanchiere die Prinzessbohnen in kochendem Wasser für ca. 2 Minuten, damit die Bohnen knackig bleiben und immer noch eine schöne grüne Farbe beibehalten. Mit kaltem Wasser abschrecken und abtrocknen.
2. Wasche und schneide die Tomaten und Basilikumblätter. Gib nun alle Salatzutaten in eine große Salatschüssel, und vermische diese gründlich.
3. Serviere nach Belieben warm oder kalt, als Hauptspeise oder Beilage.

Kleiner Tipp:

Hanfsamen sind eine gute Quelle von Vitamin E, Phosphor, Kalium, Natrium, Magnesium, Schwefel, Calcium, Eisen und Zink. Sie sind ebenfalls reich an Omega-6- und Omega-3-Fettsäuren.
Da Hanfsamen eine großartige Proteinquelle sind, eignen sie sich perfekt für Menschen, die sich gern vegan oder vegetarisch ernähren.

Wassermelonensalat

mit Rucola

20–30 Min.

für 2 Portionen

½ Packung	Rucola Salat
¼	mittlere Wassermelone
10	Kirschtomaten
1	Gurke
½ Dose	Mais, abgetropft
1 Dose	Kichererbsen, abgetropft
3 EL	Olivenöl
2 EL	Balsamico
4 Scheiben	dunkles Brot
	Salz und frisch gemahlener Pfeffer
1 handvoll	Basilikumblätter

1. Tropfe Kichererbsen und Mais ab, wasche Rucola, Gurke und Tomaten und schneide sie in Stücke.
2. Schneide 1/4 der Wassermelone in mundgerechte Würfel.
3. Zerkleinere das Brot in Stücke und röte es in der Pfanne mit 1 EL Olivenöl kurz an und stelle es beiseite.
4. Richte alles auf einer Servierplatte an. Schmecke mit Ovenöl, Balsamico, Basilikumblätter, Salz und Pfeffer ab.

Kleiner Tipp:

Wassermelone ist reich an den Vitaminen A, B1, B6 und C, Lycopin und die Aminosäure L-Citrullin. Sie enthält auch kleine Mengen an Kalium und Magnesium. Zudem besteht sie zu 92 % aus Wasser und tut daher unserer Haut gut. Wassermelonen unterstützen ebenso unser Immunsystem, Kreislauf und die Verdauung.

SPICEBAR
GRAND NOIR

Warmer Quinoasalat

mit Cashew und Linsen

20–25 Min.

für 2-3 Portionen

1 Becher	rote Linsen
1 Becher	Quinoa
3–4 Becher	Wasser
1	Karotte
1	Zwiebel
2	Knoblauchzehen
2 EL	Olivenöl
1 EL	gelbes Currypulver
1 EL	Kumin
2	Loorbeerblätter
	Salz
	Pfeffer

Topping:

1	Avocado
1 Handvoll	Cashewnüsse
2 EL	Hanfsamen
	Chiliflocken

1. Wasche, schäle und schneide die Karotte, den Knoblauch und die Zwiebel fein.

2. Erhitze die Pfanne mit Olivenöl und brate das Gemüse für ca. 2 Minuten darin an.

3. Gib die Linsen, Quinoa und Gewürze dazu – schwitze alles kurz an und übergieße es mit Wasser. Alles einmal aufkochen, umrühren und die Pfanne zudecken, Hitze reduzieren und alles für ca. 15 Minuten köcheln lassen.

4. Schäle in der Zwischenzeit die Avocado, entkerne sie und würfel das Fruchtfleisch. Wenn das Pfannenquinoa und die Linsen gekocht sind, gib alles in eine tiefe Schüssel.

5. Serviere den Salat mit Avocado, einer handvoll Cashew Nüssen, Hanfsamen und einer Prise Chiliflocken heiß oder kalt.

Kleiner Tipp:

Quinoa ist glutenfrei und liefert eine andere Nährstoffzusammensetzung als Hafer, Weizen, Dinkel und Co. Es ist eine sehr gute Quelle für hochwertiges pflanzliches Eiweiß sowie Vitamine B, Eisen, Folsäure, Magnesium, Zink und Mangan. Zudem ist es ein glutenfreies und ein leicht verdauliches Korn.

Blumenkohlsalat

mit Mais

 20 Min.

für 3-4 Portionen

1	großer Blumenkohl
200 g	trockener Reis oder gekochter Reis vom Vortag
1 Dose	Zuckermais, entwässert
1 EL	Limettensaft
1 EL	Senf
3 EL	Hanfsamen
3 EL	vegane Mayonnaise
¼ TL	Knoblauchpulver
	Salz
	Pfeffer
	Petersilie

1. Nimm Reis vom Vortag oder koche neuen Reis nach Packungsanweisung. Wenn der Reis fertig ist, stelle ihn beiseite.

2. Während der Reis kocht, wasche und schneide den Blumenkohl in Röschen und koche es in Salzwasser. Wenn dieser fertig gekocht ist, abtropfen lassen in eine Salatschüssel geben und beiseitestellen. Den Mais abtropfen lassen.

3. Wasche und hacke die Petersilie. Dann füge es mit dem Reis und den restlichen Zutaten in die Schüssel zusammen und rühre alles vorsichtig, damit der Blumenkohl nicht zerbröckelt.

4. Fülle den fertigen Salat in Bowls und serviere es als Hauptgericht oder Beilage.

Kleiner Tipp:

In Mais steckt viel Kalium, Magnesium, Beta Carotin und Ballaststoffe. Mais ist gut für unsere Verdauung, Muskeln und den Kreislauf.

Udon Nudeln

mit Erdnuss-Pfannengemüse

40 Min.

für 2 Portionen

1 Packung	Tofu
½	kleinen Blumenkohl
1	Zucchini
1	Möhre in feinen Streifen
1 Knolle	Fenchel
1 Packung	Udon Nudeln
1 EL	Erdnussöl
2 TL	Sojasauce
2 EL	Erdnussbutter natur
2 cm	großes Stück Ingwer, geschält und fein gerieben
1	Knoblauchzehe, gehackt
2 EL	Limettensaft
2 cm	Ingwer, fein gehackt
	ein wenig Wasser

Zum Verfeinern:
Chiliflocken
frischer Koriander oder Petersilie
Sesamsamen und gehackte Erdnüsse

1. Koche die Nudeln zunächst in gesalzenem Wasser. Tropfe sie dann ab und stelle sie beiseite.

2. Wasche und schneide das gesamte Gemüse. Schneide das Tofu in Würfel.

3. Erwärme eine Pfanne mit ein wenig Erdnussöl. Gib nun das Gemüse und das Tofu hinzu und brate es für ca. 2 Minuten an. Füge die Erdnussbutter, ein wenig Wasser und die restlichen Zutaten hinzu und lass es unter ständigem Rühren aufkochen. Köchel alles für ca. 5 Minuten.

4. Serviere Udon Noodles mit deinem Gemüse und verfeinere es mit Chiliflocken, Erdnüssen und Koriander.

Kleiner Tipp:

Tofu hat sehr viel Calcium, Eisen, Magnesium, Phosphor, Folsäure, viele Vitamine und eine große Menge an Eiweiß. Außerdem ist es fettfrei, glutenfrei und cholesterinarm.

Gerösteter Rosenkohlsalat

mit Hanfsamen

 20–30 Min.

für 2 Portionen

750 g	Rosenkohl
1 handvoll	Petersilie
1–2 EL	Hanfsamen
1 EL	Zitronensaft
150 g	Weintrauben

Für die Marinade:

3 EL	Olivenöl
2 El	Aceto Balsamico
	Salz
	frisch gemahlener Pfeffer

1 Wasche, trockne ab und halbiere den Rosenkohl.

2 Vermische die Marinade in einer großen Schüssel mit dem Rosenkohl gründlich. Verteile diesen auf einem Backblech und röste ihn im Backofen auf 180 °C Umluft für ca. 15 Minuten rösten.

3 In der Zwischenzeit wasche und schneide die Weintrauben und Petersilie.

4 Wenn der Blumenkohl fertig geröstet ist, gib ihn auf eine Servierplatte und bestreue ihn mit Weintrauben, Petersilie, Hanfsamen und mit 1 EL Zitronensaft.

Kleiner Tipp:

Rosenkohl enthält viel Vitamin A, C, Eisen, Kalium, Kalzium, Magnesium, Ballastoffe und Eiweiß. Rosenkohl enthält ebenso sekundäre Pflanzenstoffe, die bei Arthritis, Asthma und Erkältungen helfen. Sie können uns ebenfalls dabei helfen das Risiko verschiedener Krebserkrankungen zu senken.

Gurken-Toast

mit Bohnen-Avocadopaste

10 Min.

für 4 Stück

4	Scheiben Vollkornbrot
1	Gurke in dünne Streifen längst geschnitten

Zutaten Paste:

1 Dose	weiße Bohnen abgetropft
2	reife Avocados
2 EL	ungesüßten Joghurt
	Saft aus ½ Zitrone
10	Basilikumblätter
3	Knoblauchzehen
⅓ TL	Kuminpulver
	Salz
	Pfeffer

1. Röste 4 Scheiben Brot in dem Toaster oder in einer Pfanne. Rolle langsam und vorsichtig die Gurkenstreifen zu rosenartige Röllchen. Nimm das Brot und bestreiche die Scheiben reichlich mit der Paste und dekoriere sie mit den Gurken.

2. Gib alle Paste-Zutaten in deinen Standmixer und püriere diese gründlich auf mittlerer Stufe, bis du eine cremige und gleichmäßige Konsistenz erhältst.

Kleiner Tipp:

Gurken versorgen uns mit lebenswichtigem Wasser, sind aber auch reich an Vitamin C, Vitamine B und Vitamin E, wie auch an Mineralstoffen wie Kalzium, Zink, Eisen, Magnesium, Kalium und Phosphor.

Knusprige Kichererbsen
mit Cayennepfeffer

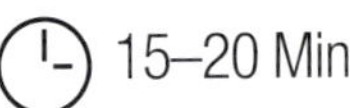
15–20 Min.

für 3 Portionen

2 Dosen	Kichererbsen, abgetropft (Tipp: bitte behalte das Kichererbsenwasser als Eiweißquelle für andere Rezepte)
2 EL	Olivenöl
½ TL	Salz
¼ TL	Cayennepfeffer
¼ TL	Currypulver
1 Prise	Chilipulver

1. Heize den Ofen auf 200 °C vor. Die Spüle die Kichererbsen im Sieb ab und lasse sie gut abtropfen, bevor sie trocken getupft werden.
2. Gib die Kichererbsen mit den restlichen Zutaten in eine Schüssel und vermische alles richtig. Streue sie auf ein Backblech und röste sie ca. 25–30 Minuten.
3. Wende die Kichererbsen alle 10 Minuten, damit sie nicht verbrennen. Beobachte genau und nimm sie erst raus, wenn sie wirklich knusprig sind.
4. Serviere alles in einer Schüssel oder einem Becher.

Kleiner Tipp:

Aufgrund des Chili-Gehaltes hilft Cayennepfeffer beim Abnehmen. Es kann auch schmerzlindernd sein und wirkt sich positiv auf unsere Figur aus, da es unseren Kreislauf und die Verdauung in Schwung bringt.

SWEETS

Erdnuss-Aprikosen-Müsliriegel

mit Chia und dunkler Schokolade

 40 Min.

für 3 Portionen

100 g	Dinkelflocken
250 g	zarte Haferflocken
100 g	Aprikosen, getrocknet und gewürfelt
100 g	vegane Margarine
2 EL	Chiasamen
200 g	Erdnussbutter
150 g	Süßungsmittel Deiner Wahl Bspw. Zuckerersatz: Erythrit
4 EL	Agavendicksaft oder Honig
1	Prise Salz

Topping:

½ Tafel	vegane Schokolade

1. Heize den Backofen auf 180 °C Umluft vor. Lege eine lange, schmale Backform mit Backpapier aus.

2. Hacke die Aprikosen fein. Schmelze die Margarine und die Erdnussbutter in einem Topf. Rühre Erythrit, Agavendicksaft, Aprikosen, Dinkelflocken, Chiasamen, Salz und Haferflocken unter. Die Masse in der Form verteilen und gründlich festdrücken.

3. Backe die Riegel im heißen Ofen ca. 20 Minuten backen. Nach dem rausnehmen, lasse sie ca. 2 Stunden abkühlen. Dann vorsichtig aus der Form lösen und in gleichmäßige Stücke schneiden.

4. Schmelze die Schokolade und verteile sie auf die Riegel. Wenn es abgekühlt ist, serviere sie.

Kleiner Tipp:

Getrocknete Aprikosen enthalten große Mengen an wichtigen Vitaminen und Mineralstoffen. Sie sind gut für unsere Knochen, Augen und die Haut. Sie helfen aber auch die Verdauung in Schwung zu halten.

Matcha-Pudding

mit Kiwi

5 Min.
Vorbereitung 30 Min.

für 2-3 Portionen

80 g	Chiasamen
600 ml	ungesüßte Kokosmilch
4 EL	Süßungsmittel deiner Wahl

für das grüne Chia:

1EL	Matcha
1EL	heißes Wasser

Topping:
Kiwi, Kakaonibs, Kokosflocken

1 Rühre Chiasamen mit dem Schneebesen in die Pflanzenmilch ein und gib eine Hälfte in eine Schüssel.

2 Vermische das Matchapulver in ein Glas mit 1 EL heißem Wasser und gieße es mit Chia in eine andere Schüssel und vermische alles. Lasse beide Schüsseln für ca. 30 Minuten (besser über Nacht) im Kühlschrank quellen.

3 Wenn beides durchgezogen ist, fülle den Chia-Pudding schichtweise in Gläser. Dekoriere ihn mit Kiwistückchen, Kakaonibs und Kokosflocken.

Kleiner Tipp:

Kiwi ist eine richtige Vitamin C-Bombe. Es enthält aber auch viel Vitamin E und B, Magnesium, Phosphor, Kalium, Kalzium und Eisen, wie auch Ballaststoffe. Das grüne oder gelbe Fruchtfleisch enthält Omega-3-Fettsäuren und die Schale viele Antioxidantien.

Gefüllte Bratäpfel
mit Haferflocken

40 Min.

für 4 Stück

4	große Äpfel (Boskop)
50 g	zarte Haferflocken
25 g	Haselnüsse
8	kleingehackte Datteln
1 EL	Hanfsamen
½ TL	Zimt
	Saft einer Orange
	zerkleinertes Orangenfleisch

Vanillesauce:

500 ml	Milch Deiner Wahl
1 EL	Kartoffelstärke
5 Tropfen	Vanilleextrakt
1 Prise	Kurkuma für die gelbe Farbe
5 EL	Xylit oder Agavendicksaft

Topping:
Hanfsamen, Haselnüsse

Kleiner Tipp:

Haferflocken enthalten einen hohen Eiweiß- und Ballaststoffgehalt, Vitamin B1 und E, sowie Zink, Mangan und Kupfer. Regelmäßiger Verzehr von Hafer sorgt für einen geregelten Blutzuckerspiegel und ein starkes Immunsystem. Der hohe Ballaststoffanteil von Haferflocken hilft auch beim Abnehmen, da es die Verdauung anregt, somit wird auch der Stoffwechsel verbessert.

1. Zerkleinere die Haselnüsse und Datteln. Presse die Orange aus und gieße den Saft in ein Glas. Hacke das restliche Orangen-Fruchtfleisch und gib alle Zutaten der Füllung hinzu.

2. Wasche die Äpfel und schneide die oberen Stücke ab. Schneide vorsichtig das Innere des Apfels heraus, entsorge die Kerne und mische das restliche Fruchtfleisch mit der Haferfüllung.

3. Fülle die Äpfel und platziere sie in einer Auflaufform. Verteile die abgeschnittenen Apfel-Deckel auf die Äpfel. Gieße den Orangensaft über die gefüllten Äpfel in die Form.

4. Backe die Äpfel im vorgeheizten Backofen bei 180 °C Ober-/Unterhitze für ca. 30 Minuten. Übergieße alle 10 Minuten die Äpfel mit dem Orangensaft aus der Auflaufform.

5. Koche nun 400 ml Milch mit Vanilleextrakt und Süßungsmittel auf. Die restlichen 100 ml kalte Milch mit Kartoffelstärke und Kurkuma vermischen. Gieße unter ständigem Rühren die Stärkemixtur in die kochende Milch.

6. Wenn die Äpfel fertig gebacken sind, serviere diese heiß oder kalt mit der Vanillesauce.

Einfacher Chiapudding

mit Erdbeer und Blaubeerkonfitüre

5 Min.
30 Min. Quellzeit

für 2 Portionen

60 g	Chiasamen
500 ml	ungesüßte Milch deiner Wahl
3 EL	Süßungsmittel deiner Wahl

Topping:
Erdbeeren, fein gewürfelt
Erdbeermarmelade
Blaubeeren
Heidelbeermarmelade

1 Rühre die Chiasamen mit dem Schneebesen in der Pflanzenmilch ein und lasse sie für min. 30 Minuten (besser über Nacht) im Kühlschrank quellen.

2 Wenn es fertig gequollen ist, fülle schichtweise den Chia-Pudding mit Marmeladen in Gläser und dekoriere sie mit den Früchten.

Kleiner Tipp:

Chia hat einen hohen Gehalt an Ballaststoffen, Eiweiß und Omega-3-Fettsäuren.
Die kleinen Wundersamen helfen bei der Regulierung unserer Verdauung und dem Blutzuckerspiegel.

Veganes Schoko-Mousse

mit Papayastückchen

10 Min.
2,5 Std. Abkühlzeit

für 1-2 Portionen

½ Tafel	vegane dunkle Schokolade
1 EL	Kakaopulver
½ Dose	vollfett Kokosmilch
90 ml	Wasser
10	entkernte Medjool-Datteln
10	Cashewnüsse

Topping:

½	geschälte und gewürfelte reife Papaya

1 Gib die Schokolade in ein Wasserbad zum Schmelzen. Verrühre die Schokolade mit einem Löffel, bis sie vollständig geschmolzen ist. Stelle nun die Tasse mit Schokolade beiseite.

2 Gib die Cashewnüsse, Kokosmilch, Wasser, Kakaopulver, Datteln und die geschmolzene Schokolade in einen Hochgeschwindigkeitsmixer und püriere es zu einer glatten Masse. Wenn du es gern noch süßer haben möchtest, gib mehr Datteln oder ein wenig Süßungsmittel hinzu und püriere es nochmal.

3 Gib nun die Mischung in 1–2 Gläser und stelle sie für ca. 2,5 Stunden in den Kühlschrank, bis sie fester wird und abgekühlt ist.

4 Serviere es mit reifen Papayawürfeln oder anderen Toppings deiner Wahl.

Kleiner Tipp:

Papaya ist eine echte Vitamin-C-Bombe, schon 100 Gramm decken beinahe den Tagesbedarf eines Erwachsenen ab. Es beinhaltet ebenso Vitamine A, E, B1 bis B6 und Folsäure und viele lebenswichtige Enzyme.

WECK

Veganes Erdbeer Mousse

mit gepuffter Hirse

5 Min.
2 Std. Abkühlzeit

für 4 Portionen

1 ½ Tasse	Erdbeeren
2–3 Tropfen	Vanilleextrakt
2 EL	weiße Chiasamen
1 Pack	Silken Tofu, abgetropft
3 EL	Agavensdicksaft

Topping:
gepuffte Hirse, Erdbeeren

1. Gib alle Zutaten in einen Hochgeschwindigkeitsmixer und püriere es zu einer glatten Masse. Wenn du es gern noch süßer haben möchtest, gib mehr Süßungsmittel hinzu und püriere es nochmal.
2. Gib nun die Mischung in 1–2 Gläser und stelle sie für mindestens 2 Stunden in den Kühlschrank, bis sie fester wird und abgekühlt ist.
3. Serviere es mit frischen Erdbeeren.

Kleiner Tipp:

Erdbeeren haben einen frischen Geschmack, sind reich an Kalzium, Kalium, Eisen, Zink und Kupfer und vielen Mineralstoffen. Da sie außerdem reich an Polyphenole sind, sollen Erdbeeren helfen, Herz-Kreislauf-Erkrankungen vorzubeugen und dienen unter anderem als Schmerzmittel. Sie können vor Krebs schützen und das Altern verlangsamen.

Pfirsich Crumble
mit Weintrauben

15–20 Min.

für 4 Portionen

30 g	Mandelmehl
90 g	Haferflocken
½ TL	Zimt
50 g	Ghee
50 g	Xylitol

Für die Fruchtfüllung:

400 g	reife Pfirsiche, gewaschen, gestückelt
1 handvoll	Weintrauben, halbiert
8 Tropfen	Stevia oder 50 g Xylit/Erythrit/Zucker
4 EL	Wasser
1 EL	Maismehl

1. Heize den Ofen auf 180 °C. Gib das Mehl, Hafer, Ghee und Xylit in eine Schüssel, zerdrücke und vermische alles mit Händen zu einer Streusel-Struktur.

2. In der Zwischenzeit vermische die geschnittenen Pfirsiche, Weintrauben und das Maismehl zusammen mit dem Wasser und Süßungsmittel in einer ovalen Auflaufform.

3. Streue die Streusel über die Früchte und stelle das Backblech für 15 Minuten in den Ofen, bis es goldbraun ist.

4. Du kannst es mit Vanillejoghurt, Sauce oder Ice Cream servieren.

Kleiner Tipp:

Pfirsich enthält viel Vitamin A, B1, B3 und B2, Vitamin C, Kalium, Magnesium, Calcium, Selen, Mangan und Zink. Beachte dabei, dass die Schale mehr Mineralstoffe und Vitamine enthält als das Fruchtfleisch der Pfirsiche selbst.

Panna Cotta

mit Erdbeersauce

15 Min.
1,5 Std. Abkühlzeit

für 4 Portionen

400 ml	Kokosmilch
270 ml	ungesüßte Milch deiner Wahl
3 Tropfen	Vanilleextrakt
3 EL	Ahornsirup
1 TL	Agar-Agar-Pulver

Erdbeersauce:

1 ½ Tassen	Erdbeeren, frisch oder tiefgefroren
1 EL	Ahornsirup
1 EL	Zitronensaft
1 TL	weiße Chiasamen

1. Gieße die Milch und die Kokosmilch in einen Topf. Füge Vanilleextrakt und den Sirup hinzu und bring es auf mittlerer Hitze zum Kochen, reduziere die Hitze und hebe das Agar-Agar-Pulver unter. Mische es 1–2 Minuten lang und nimm es vom Herd.
2. Fülle es direkt in Gläser und lass es für 1,5 Stunden im Kühlschrank stehen.
3. Bereite in dieser Zeit die Erdbeersauce zu. Wasche die Erdbeeren und gib diese, zusammen mit den anderen Saucenbestandteilen in deinen Mixer. Mixe es so lange, bis eine glatte Sauce entsteht.
4. Gieße die Erdbeersauce über die abgekühlte Kokosnuss Panna Cotta. Du kannst es direkt mit Sauce servieren oder die reine Panna Cotta bis zu 48 Stunden im Kühlschrank aufbewahren.

Kleiner Tipp:

Agar-Agar-Pulver ist in Japan nichts Neues. Das vegane Geliermittel aus Algen ist nicht nur umwelt- und tierfreundlicher, sondern auch gut für die Verdauung und sorgt für eine gesunde Darmflora.

Tonkabohnen-Milchreis

mit Mango

 25 Min.

für 4 Portionen

2 Tassen	Wasser
2 Tassen	dünne Mandelmilch
1 EL	Zucker oder Xylitol
160 g	Milchreis
1 Prise	geriebene Tonkabohnen

Topping:

1	Mango
	Ahornsirup
	Granola deiner Wahl

1. Koche Milch, Wasser, Tonkabohnenpulver und Zucker in einem Topf auf.

2. Rühre den Milchreis ein und koche ihn nach Packungsanleitung.

3. Wenn der Milchreis fertig gekocht ist, fülle ihn in Gläser und serviere ihn mit gewürfelter Mango, Ahornsirup und Granola oder Samen.

Kleiner Tipp:

Die Tonkabohne wird in Lateinamerika als sehr wirksames Mittel gegen Übelkeit, Husten und Asthma genutzt. Sie unterstützt ebenso unseren Kreislauf und die Herzaktivität.

Kokos-Cheesecake-Bites

mit Cashew und Himbeeren

10 Min.
7 Std. Abkühlzeit

für 6-10 Stück

180 g	natürliche Cashewnüsse, über Nacht eingeweicht und abgetropft
1 EL	Zitronensaft
125 ml	Kokosmilch, fettreich
6–7 EL	Agavendicksaft

Für die pinke Schicht:

2 EL	Kokosraspeln
125 g	Himbeeren

1 Wasche und weiche die Cashewnüsse über Nacht ein.

2 Wenn diese weich sind, gib sie mit allen restlichen Zutaten – bis auf die Kokosraspeln und Himbeeren – in einen Hochgeschwindigkeitsmixer. Püriere alles bis es eine vollständig glatte Konsistenz ergibt.

3 Gieße die Hälfte der Füllung in eine Silikonform. Gib zu der anderen Hälfte der Cheesecake-Masse nun die Kokosraspeln und Himbeeren hinzu dann püriere es ebenso, bis es glatt ist.

4 Gib nun die fertigen Cheesecakes für ca. 4 Stunden in den Gefrierschrank, lasse vor dem Servieren die Cheesecakes für 10 Minuten auftauen.

Kleiner Tipp:

Cashewnüsse sind reich an Vitamin K, B, Zink und beinhalten Tryptophan – eine Aminosäure die, wie Serotonin, glücklich macht. Cashewkerne sind voller ungesättigter Fettsäuren und pflanzlicher Proteine, welche unsere Muskulatur braucht.

Gebackene Donuts

mit Matcha

 45 Min.

für 8 Stück

¾ Tasse	feines Mandelmehl
¾ Tasse	Buchweizenmehl
6 EL	Speisestärke
2 TL	Backpulver
5 EL	Agavendicksaft
2 EL	Wasser
½ Tasse	Milch
1 EL	Matchapulver
5 Tropfen	Vanilleextrakt
1	Prise Salz

Zutaten Glasur:

5 EL	Agavensirup
2 EL	Kartoffelstärke
1½ Tassen	pflanzliche Milch
1 Prise	Salz
⅔ EL	Matchapulver

Kleiner Tipp:

Matcha enthält reichlich zellschützende Antioxidantien, die unseren Körper vor Herz-Kreislauf-Erkrankungen schützen. Es stärkt das Immunsystem, reduziert das Alzheimer-Risiko und die Alterung der Haut.

1 Heize den Ofen auf 200 °C Umluft vor. Gib das Mandelmehl, Buchweizenmehl, Matcha, die Stärke und das Backpulver in eine große Schüssel und verrühre es.

2 Füge Wasser, Kokosmilch, Ahornsirup, Vanilleextrakt und Salz hinzu und verrühre es gründlich, bis du einen gleichmäßigen Teig erhältst. Fülle die Donutform bis max. 3/4 Höhe.

3 Reduziere die Ofentemperatur auf 180 °C und backe die Donuts goldbraun für ca. 15 Minuten. Lasse sie dann 20 Minuten abkühlen und nimm sie aus der Form.

4 **Zubereitung Glasur:**
Vermische alle trockenen Zutaten mit einer halben Tasse Milch. Bringe nun die restliche Milch zum Kochen. Rühre gründlich und langsam deine Glasurmischung in die heiße Milch.

5 Sobald du eine gleichmäßig feste Konsistenz erhältst, kannst du den Topf vom Herd nehmen und die Glasurmasse für 5 Minuten abkühlen lassen. Verrühre die Glasur und glasiere nun die Donuts, lass diese für weitere 20 Minuten abkühlen. Bestreue die Donuts für ein schöneres Aussehen mit ein wenig Matcha.

Lust auf mehr?

Auf meinem Instagram Kanal findest du weitere Inspirationen zu gesunden Gerichten und abwechslungsreichen Foodstylings.
Ich freue mich auf deinen Besuch!

@pia_mia_clean_food

IMPRESSUM

Die Deutsche Nationalbibliothek verzeichnet diese Publikation in der Deutschen Nationalbibliografie; detaillierte bibliografische Daten sind im Internet über *http://dnb.ddb.de* abrufbar.

Marlena Izdebska
HEALTHY COOKING
Frisch, lecker und ausgewogen

Alle Rechte der Verbreitung, auch durch Film, Funk, Fernsehen, fotomechanische Wiedergabe, Tonträger alle Art, auszugsweise Nachdruck oder Einspeicherung und Rückgewinnung in Datenverarbeitungsanlagen aller Art sind vorbehalten.

Die Inhalte dieses Buches sind vom Autor und Verlag sorgfältig erwogen und geprüft, dennoch kann eine Garantie nicht übernommen werden. Eine Haftung von Autor und Verlag für Personen-, Sach- und Vermögensschäden ist ausgeschlossen.

Das Werk, einschließlich seiner Teile, ist urheberrechtlich geschützt. Jede Verwertung ist ohne Zustimmung des Verlages und des Autors unzulässig. Dies gilt insbesondere für die elektronische oder sonstige Vervielfältigung, Übersetzung, Verbreitung und öffentliche Zugänglichmachung.

Texte: Marlena Izdebska
Fotos: Marlena Izdebska

Gesamtherstellung: GBN TRENDS PRODUCTIONS GmbH
Redaktion / Korrektorat / Layout / Design / Satz
Neuer Höltigbaum 34, D–22143 Hamburg

Druck: GZH d.o.o. (www.gzh.hr), Zagreb

1. Auflage 2021

ISBN: 978-3-948942-03-8

Printed in Croatia

Postfach 42 04 52, D–12064 Berlin
www.daylonia.com

2021 © Quintessenz Verlags-GmbH
Ifenpfad 2–4, D–12107 Berlin